Foucault, digital

Digital Cultures Series

Herausgegeben von Andreas Bernard, Armin Beverungen, Irina Kaldrack, Martina Leeker und Sascha Simons

Eine Buchserie des *Centre for Digital Cultures*

Bernhard J. Dotzler ist Professor für Medienwissenschaft am Institut für Information und Medien, Sprache und Kultur der Universität Regensburg.

Henning Schmidgen ist Professor für Theorie medialer Welten an der Fakultät Medien der Bauhaus-Universität Weimar.

Foucault, digital

Bernhard J. Dotzler und Henning Schmidgen

µ meson press

Bibliographische Information der Deutschen Nationalbibliothek
Die Deutsche Nationalbibliothek verzeichnet diese Veröffentlichung in der Deutschen Nationalbibliographie; detaillierte bibliographische Informationen sind im Internet unter dnb.d-nb.de abrufbar.

Veröffentlicht 2022 von meson press, Lüneburg
www.meson.press

Designkonzept: Torsten Köchlin, Silke Krieg
Umschlaggrafik: © Lily Wittenburg
Korrektorat: Andreas Bernard

Die Printausgabe dieses Buchs wird gedruckt von Lightning Source, Milton Keynes, Vereinigtes Königreich.

ISBN (Print): 978-3-95796-198-3
ISBN (PDF): 978-3-95796-199-0
ISBN (EPUB): 978-3-95796-200-3
DOI: 10.14619/1983

Die digitale Ausgabe dieses Buchs kann unter www.meson.press kostenlos heruntergeladen werden.

Inhalt

Einleitung

Welche Bedeutung kommt Michel Foucault noch im „Zeitalter der intelligenten Maschinen"[1], also in der Epoche von Internet, Big Data und Artificial Intelligence zu? Diese Frage kann unter mindestens drei Aspekten betrachtet und beantwortet werden. Da ist zunächst seine Rolle in der digitalen Kultur von heute. Foucault ist der am meisten zitierte (Buch-)Autor der Geistes- und Sozialwissenschaften,[2] und entsprechend prominent ist seine Präsenz im Internet. Nicht nur, dass die überwiegende Mehrzahl seiner *Schriften* in unterschiedlichen Sprachen über die einschlägigen Online-Bibliotheken verfügbar ist – auf *Gallica* ebenso wie auf *archive.org* und *Google Books*. Zugleich bieten diese Bibliotheken Zugriff auf digitalisierte Tonaufnahmen und Filme, die Foucault-Vorträge, -Interviews und -Diskussionen zeigen.

Portale wie *YouTube* präsentieren Entsprechendes, so etwa die Unterrichtsfilme über *Wahrheit und Philosophie*, in denen der Foucault der 1960er Jahre zu sehen ist, oder die berühmte Fernsehdebatte, die 1971 zwischen Foucault und Noam Chomsky stattfand. Eine neue Website[3] verspricht, sukzessive die restaurierten Audiomitschnitte von Foucaults Vorlesungen am Collège de France zugänglich zu machen. Mittlerweile sind auch Teile des Nachlasses von Foucault digitalisiert worden und im Internet verfügbar. Insbesondere die Lektürenotizen und Exzerpte zu *Die Ordnung der Dinge* sind online zugänglich und erlauben so eine neue – digitale – Kartographierung eines eigentlich längst bekannten Werks (Abb. 1).[4] Die weitere Digitalisierung und Bereitstellung

1 Ray Kurzweil, *The Age of Intelligent Machines* (Cambridge, MA: MIT Press, 1990).

2 Thomson Reuters' ISI Web of Science, „Most Cited Authors of Books in the Humanities", *Times Higher Education*, 26. März 2009, http://www.timeshighereducation.co.uk/story.asp?storyCode=405956 (letzter Zugriff: 16. Juni 2021).

3 Siehe https://freefoucault.eth.link/ (letzter Zugriff: 22. Juni 2021).

4 Siehe http://lbf-ehess.ens-lyon.fr/pages/index.html sowie http://eman-archives.org/Foucault-fiches/ (letzter Zugriff: 10. Mai 2021); siehe hierzu auch die *bande dessinée* im Anhang dieses Buches.

des Foucault-Nachlasses soll durch die Bibliothèque Nationale de France erfolgen.

Diese massive Präsenz im Internet teilt Foucault natürlich mit anderen Protagonisten der *French Theory*. Man denke an die frühzeitig online gestellten Seminare von Gilles Deleuze oder die kürzlich digitalisierte Bibliothek von Jacques Derrida.[5] Noch stärker als ein Deleuze und sein Begriff der „Kontrollgesellschaft", mit dem er – seinerseits anknüpfend an Foucault – einen prominenten Ansatz für die Auseinandersetzung mit der digitalen Kultur und Gesellschaft geliefert hat,[6] werden die von Foucault entwickelten Ansätze und Theorien dazu genutzt, um das Zeitalter der intelligenten Maschinen aus historischer wie auch aus soziologischer Sicht zu analysieren. So ist Shoshana Zuboffs weitreichende Analyse des „Überwachungskapitalismus" Foucault ebenso verpflichtet wie die Untersuchungen, die Antoinette Rouvroy zur „algorithmischen Gouvernementalität" und Colin Koopman zur Herausprägung des informationellen Subjekts vorgelegt haben.[7]

5 Zu Deleuze siehe neuerdings https://deleuze.cla.purdue.edu/ und zu Derrida https://derridas-margins.princeton.edu/ (letzte Zugriffe: 10. Mai 2021).

6 Siehe Gilles Deleuze, „Postskriptum über die Kontrollgesellschaften", in ders., *Unterhandlungen 1972–1990*, übers. von Gustav Roßler (Frankfurt am Main: Suhrkamp, 1993), 254–262, und im Anschluss daran etwa Alexander R. Galloway, *Protocol: How Control Exists after Decentralization* (Cambridge: MIT Press, 2006).

7 Shoshanna Zuboff, *In the Age of the Smart Machine: The Future of Work and Power* (Oxford: Heinemann, 1988), besonders 315–361, auf denen im direkten Rekurs auf Foucault das Konzept des „Information Panopticon" entwickelt wird, sowie dies., *The Age of Surveillance Capitalism: The Fight for a Human Future at the New Frontier of Power* (New York: Public Affairs, 2019), Antoinette Rouvroy, „La gouvernementalité algorithmique: Radicalisation et stratégie immunitaire du capitalisme et du néolibéralisme?", *La Deleuziana*, Nr. 3 (2016): 30–36, sowie dies. und Thomas Berns, „Le nouveau pouvoir statistique: Ou quand le contrôle s'exerce sur un réel normé, docile et sans événement car constitué de corps ‚numériques'", *Multitudes* 20, Nr. 1 (2010): 88–103, und Colin Koopman, *How We Became our Data: A Genealogy of the Informational Person* (Chicago: The University of Chicago Press, 2019).

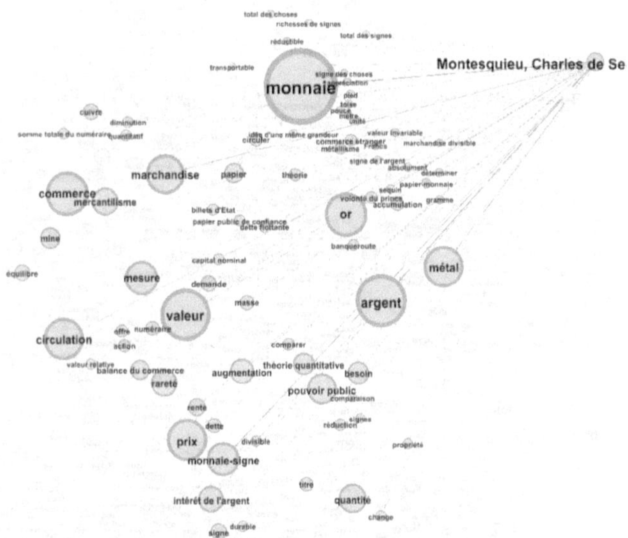

Abbildung 1: Digitale Kartographie des Arbeitsprozesses von Foucault. Quelle: http://lbf-ehess.ens-lyon.fr/pages/carto_images_agrandies.html#carto_analyse_richesses (letzter Zugriff: 23. Juni 2021).

Diese Darstellung zeigt die Verteilung von Stichworten in den Notizen und Exzerpten, die Foucault bei seiner Arbeit an *Die Ordnung der Dinge* erstellt hat. Im vorliegenden Fall handelt es sich um die Aufzeichnungen in der Mappe „Analyse des richesses", die dem französischen Philosophen und Staatstheoretiker Montesqieu gewidmet sind. Je größer der Kreis, desto häufiger kommt in diesen Aufzeichnungen das Wort vor, das in ihm abgebildet ist.

Foucault ist somit nicht nur (erster Aspekt) fester Bestandteil der digitalen Kultur, zugleich (zweiter Aspekt) liefert er auch Theorien und Begriffe, um diese Kultur zu analysieren und zu kritisieren – worüber nicht zuletzt eine Reihe von digitalen Zeitschriften, Blogs und ähnlichen Portalen im Bereich der „Foucault Studies" berichten, was ihrerseits wiederum die Anwesenheit Foucaults in der digitalen Kultur verstärkt (*Foucaultblog*, *Le Foucauldien*, *Foucault.Info*, *Foucault News* usw.).

Im Folgenden wollen wir das Verhältnis von Foucault zur Digitalisierung unter einem dritten Aspekt und auf einer anderen Ebene betrachten: weder inhaltlich (Foucaults Anwesenheit in der digitalen Kultur) noch formal (Foucault als Stichwortgeber für die Analyse der Digitalisierung), sondern in *methodologischer* Absicht – beginnend mit, ja zunächst sogar primär interessiert an einer historischen Kontextualisierung der Methodik und Methodologie Foucaults. Hiervon, lautet die These, könnte profitieren, was sich derzeit „Digital Humanities" nennt, wenn anders auch für diese gilt: „Historical perspective has always been important for the humanities, and a critical understanding of the digital must begin with a critical history of computation and programming techniques."[8]

Eine solche kritische Geschichte kann im Weiteren nicht umfänglich vorgelegt werden. Im Vordergrund steht auch nicht pauschal die historische und/oder soziologische Auseinandersetzung mit der Entstehung und Entwicklung digitaler Gesellschaften. Worum es uns geht, ist der konkrete Einsatz von elektronischer Datenverarbeitung in den Geistes- und Sozialwissenschaften. Uns interessiert somit der Bereich der Digital Humanities in jenem engeren Sinn, der auch als „Humanities Computing" bezeichnet wird. Wie David Berry erklärt, entstand dieser Bereich – seit rund 40 Jahren erheblich expandierend – so gut wie gleichzeitig mit den ersten Computern (vor bereits 80 Jahren) und war anfänglich

8 David M. Berry und Anders Fagerjord, *Digital Humanities: Knowledge and Critique in a Digital Age* (Cambridge: Polity, 2017), 23.

vor allem auf die Einrichtung von elektronischen Archiven für Texte, Kunstwerke und andere Quellen sowie auf die Entwicklung von digitalen Werkzeugen für die geistes- und sozialwissenschaftliche Forschung konzentriert.[9]

Das Motiv für die Wahl dieser Betrachtungsweise ist vergleichsweise einfach. Eine der zentralen Methoden, die mit dem Namen Foucault verbunden ist, ist die „Diskursanalyse". Deren Wort und Sache sind zweifellos linguistischer Provenienz – einschließlich des Umstands, dass der zunehmende Gebrauch des Terminus, ähnlich wie der des Ausdrucks *Struktur*, „oft" dazu beigetragen hat, „tiefliegende Unterschiede zu verbergen".[10] Dennoch hat Foucault diesen Ansatz, der in der Sprachwissenschaft der 1950er Jahre beispielhaft von Zellig Harris – einem der akademischen Lehrer Chomskys – propagiert wurde,[11] nicht nur für sich beansprucht, sondern mit Blick auf die Geschichtswissenschaft auch eigenständig entwickelt, vor allem in seiner 1969 veröffentlichten Abhandlung *Archäologie des Wissens*.[12]

9 Siehe in aller Kürze David Berry, „What are the Digital Humanities?", *British Academy Blog*, 13. Februar 2019, https://www.thebritishacademy.ac.uk/blog/what-are-digital-humanities/ (letzter Zugriff: 12. März 2021), sowie allgemein auch Berry und Fagerjord, *Digital Humanities*.

10 André Martinet, „Structural linguistics" [1953], zit. n. Émile Benveniste, „Der Begriff ‚Struktur' in der Linguistik" [1962], in ders., *Probleme der allgemeinen Sprachwissenschaft*, übers. von Wilhelm Bolle (München: List, 1974), 112.

11 Zellig S. Harris, *Methods in Structural Linguistics* (Chicago: University of Chicago Press, 1951) (spätere Auflagen unter dem verkürzten Titel *Structural Linguistics*), sowie ders., „Discourse Analysis", Language 28 (1952): 1–30. Harris geht von den beiden Entitäten aus, die auch bei Foucault entscheidend sind: einerseits der Diskurs (*discourse/discours*), andererseits die Aussage (*utterance/énoncé*). Diese und weitere Ähnlichkeiten veranlassen Thomas G. Pavel, *Le Mirage linguistique: Essai sur la modernisation intellectuelle* (Paris: Minuit, 1988), 131, nach Dosse dazu „eine Parallele zwischen dem Begriffsapparat Foucaults und dem der Distributionalisten wie Harris und seiner Schüler zu ziehen". Siehe François Dosse, *Geschichte des Strukturalismus. Bd. 2: Die Zeichen der Zeit, 1967–1991*, übers. von Stefan Barman (Hamburg: Junius, 1997), 296.

12 Michel Foucault, *Archäologie des Wissens* [1969], übers. von Ulrich Köppen (Frankfurt am Main: Suhrkamp), 1981. Im Folgenden werden die Nachweise

Tatsächlich perspektiviert diese häufig als Foucaults ‚Methoden-Buch' bezeichnete Monographie dessen Beanspruchung der Diskursanalyse so umfangreich wie detailliert, nicht ohne sich dabei allerdings auch von der Sprachwissenschaft abzugrenzen: „Die *Wörter* sind in einer Analyse wie der, die ich erstelle", *nicht* der Gegenstand (AdW 73), heißt es da etwa, und entsprechend wurde kommentiert, dass eine Analyse dieser Art *nicht* „die linguistischen Methoden der Sprachbeschreibung" bemühe.[13] Auch wegen dieser Abgrenzung ist in der Foucault-Forschung bis heute durchaus umstritten, worin genau die Methode der Diskursanalyse eigentlich besteht. Erschwerend kommt hinzu, dass der Autor der *Archäologie des Wissens* den Begriff „Diskurs", wie er selbst zugesteht, nie klar definiert hat (AdW 116).[14]

Dennoch ist das von Foucault als Diskursanalyse bezeichnete Vorhaben deutlich umrissen. Berücksichtigt man die Studien, die der *Archäologie des Wissens* vorausgehen – vor allem *Wahnsinn und Gesellschaft* (frz. 1961), *Die Geburt der Klinik* (frz. 1963) und *Die Ordnung der Dinge* (frz. 1966) – lässt sich sagen, dass dieses Unterfangen darauf zielt, Veränderungen und Umbrüche in der Geschichte des Wissens auf der Ebene der Diskurse zu beschreiben, zu verstehen und wenn möglich auch zu erklären.[15]

von Zitaten aus diesem Werk im laufenden Text in Klammern mit dem Kürzel „AdW" und der jeweiligen Seitenzahl gegeben.

13 Hannelore Bublitz, *Foucaults Archäologie des kulturellen Unbewussten: Zum Wissensarchiv und Wissensbegehren moderner Gesellschaften* (Frankfurt am Main: Campus, 1999), 94

14 Siehe dazu die einschlägigen Handbuchartikel von Judith Revel, „Discours", in dies., *Dictionnaire Foucault* (Paris: Ellipses, 2008), 39–40, Richard A. Lynch, „Discourse", in *The Cambridge Foucault Lexicon*, hrsg. von Leonard Lawlor und John Nale (New York: Cambridge University Press, 2014), 120–125, sowie Michael Ruoff, „Diskurs", in ders., *Foucault-Lexikon*, 2. Aufl. (Paderborn: Fink/UTB, 2007), 91–101.

15 Michel Foucault, *Wahnsinn und Gesellschaft: Eine Geschichte des Wahns im Zeitalter der Vernunft*, übers. von Ulrich Köppen (Frankfurt am Main: Suhrkamp, 1973), ders., *Die Geburt der Klinik: Eine Archäologie des ärztlichen Blicks*, übers. von Walter Seitter (Frankfurt am Main: Ullstein, 1976 (zuerst München: Hanser; 1973), und ders., *Die Ordnung der Dinge: Eine Archäologie der Humanwissenschaften*, übers. von Ulrich Köppen (Frankfurt am Main: Suhrkamp,

Nun erhält die Tatsache, dass Foucault in diesem Zusammenhang von „Diskursanalyse" spricht, dadurch neue Aktualität und zusätzliches Interesse, dass genau dieser Ansatz – oder jedenfalls dieses Label – gegenwärtig in anderen, scheinbar weit entfernten Disziplinen einer erheblichen Konjunktur unterliegt. Innerhalb der Informatik und Computer Science der letzten Jahre hat sich die Diskursanalyse nämlich zu einem Schwerpunkt der Forschung entwickelt, wobei gegenwärtig die Verarbeitung und Modellierung von Diskursen, beispielsweise mit Blick auf Nachrichtentexte, im Vordergrund steht.[16] Auch im Bereich der Digital Humanities hat die Diskursanalyse neue Aufmerksamkeit auf sich gezogen, u.a. um historische, kulturelle und soziale Sachverhalte genauer zu untersuchen.[17]

Wir wissen, dass Informatiker, die in diesen Zusammenhängen tätig sind, sich in der Regel nicht auf Foucault beziehen, und wir

1974). Zur neueren Diskussion über das Verhältnis von „Archäologie des Wissens" und Wissenschaftsgeschichte siehe zum Beispiel David Webb, *Foucault's Archaeology: Science and Transformation* (Edinburgh: Edinburgh University Press, 2013).

16 Siehe allgemein Manfred Stede, *Discourse Processing: Synthesis Lectures on Human Language Technologies* (San Rafael: Morgan and Claypool, 2011), sowie im Einzelnen Prafulla Kumar Choubey, Aaron Lee, Ruihong Huang und Lu Wang, „Discourse as a Function of Event: Profiling Discourse Structure in News Articles around the Main Event", *Proceedings of the 2020 Annual Conference of the Association for Computational Linguistics, ACL, 2020*, Jiacheng Xu, Zhe Gan, Yu Cheng und Jingjing Liu, „Discourse-Aware Neural Extractive Text Summarization", *Proceedings of the 2020 Annual Conference of the Association for Computational Linguistics, ACL, 2020*, sowie Fajri Koto, Jey Han Lau und Timothy Baldwin, „Improved Document Modelling with a Neural Discourse Parser", *Proceedings of the The 17th Annual Workshop of the Australasian Language Technology Association, Australasian Language Technology Association, 2019*.

17 Siehe dazu die programmatischen Ausführungen von Joachim Scharloth, David Eugster und Noah Bubenhofer, „Das Wuchern der Rhizome: Linguistische Diskursanalyse und Data-driven Turn", in Dietrich Busse und Wolfgang Teubert, *Linguistische Diskursanalyse – Neue Perspektiven: Interdisziplinäre Diskursforschung* (Wiesbaden: Springer VS, 2013), 345–380. Zur soziologischen Diskursanalyse siehe Reiner Keller, *Wissenssoziologische Diskursanalyse: Grundlegung eines Forschungsprogramms* (Wiesbaden: Springer VS, 2008).

sind uns dessen bewusst, dass die Arbeit im Bereich der Digital Humanities zumeist ohne Bezugnahme auf die *Archäologie des Wissens* auskommt.[18]

Dennoch wollen wir die aktuelle Konvergenz von Konzepten und Themen zum Anlass für eine Neubetrachtung des Foucaultschen Vorhabens unter digitalem Vorzeichen nehmen. Unsere Vermutung ist, dass die von Foucault in der *Archäologie des Wissens* beschriebene Form der Diskursanalyse nicht allein im kritischen Dialog mit der Sprachwissenschaft entwickelt wurde, sondern von Anfang an auch unter Bezugnahme auf die im Entstehen befindlichen Digital Humanities.

Soweit bekannt, hat Foucault zwar keine Computer eingesetzt, um seine eigenen Diskursanalysen durchzuführen. Die von ihm entwickelten Überlegungen zur „archäologischen" Methode reflektieren aber die beginnende Automatisierung entsprechender Analysen. Zugleich weisen diese Überlegungen auffällige Parallelen zur sog. „distributional hypothesis" auf, die in der Diskursanalyse, wie sie in der heutigen Informatik und Computer Science betrieben wird, ein zentrales Element darstellt. Foucault bezieht sich zwar an keiner Stelle seiner Schriften explizit auf Harris. Wie seine Lektürenotizen und Exzerpte aus den 1960er Jahren zeigen, hat er allerdings die Arbeiten des Distributionalisten John R. Firth rezipiert.[19] Deswegen kann das von Foucault skizzierte Vorgehen, selbst wenn sein Status als Methode letztlich unklar bleibt, dazu beitragen, die aktuelle Zusammenarbeit von

18 Für den Bereich der Digital Humanities siehe programmatisch Franco Moretti, *Graphs, Maps, Trees: Abstract Models for Literary History* (London: Verso, 2005) sowie ders., *Distant Reading* (London: Verso, 2013).

19 Siehe dazu Pavel, *Le Mirage linguistique*, 119–140, sowie allgemein Magnus Sahlgren, „The distributional hypothesis", *Rivista di Linguistica (Italian Journal of Linguistics)* 20, Nr. 1 (2008): 33–53. Mit Blick auf Foucault und Firth siehe https://eman-archives.org/Foucault-fiches/solr-search?q=firth (letzter Zugriff: 23. Januar 2022). Foucaults Notizen beziehen sich vor allem auf die Beiträge in John R. Firth, *Papers in Linguistics 1934–1951* (London: Oxford University Press, 1957), insbesondere auf jene Passagen, in denen von „collocation" die Rede ist (z.B. ebd., 194–195).

Geistes- und Sozialwissenschaftlern mit Informatikern und Computer Scientists zu stimulieren. Auch dem sich heute erneut dynamisch entwickelnden Gebiet der Digital Humanities kann Foucault damit wichtige Impulse geben.[20]

Dies gilt insbesondere für Vorhaben, die sich auf die Analyse mehr oder weniger umfangreicher Textkorpora beziehen. Der große Vorteil der Foucaultschen Methode liegt unseres Erachtens darin, sich primär auf Sprache und insbesondere auf Texte zu beziehen, also auf einen Typ von Daten, der über das Internet in erheblichem Umfang und auf einfache Weise zugänglich ist – nicht zuletzt durch die fortschreitende Digitalisierung von Bibliotheksbeständen. Die Reichweite des in der *Archäologie des Wissens* beschriebenen Vorhabens wird dadurch zwar auch begrenzt. Wie Foucault selbst einräumt, beschränkt es sich zunächst auf „Gruppen wenig formalisierter Diskurse“ (AdW 46), schließt also Wissenschaften wie die Mathematik oder die Physik tendenziell aus.[21]

Tatsächlich stehen in den historischen Arbeiten von Foucault Disziplinen wie Psychiatrie, Klinische Medizin, Biologie, Ökonomie und Linguistik im Vordergrund. Darauf basierend ist aber auch die Analyse anderer Wissenschaften und anderer Wissensbereiche denkbar – insbesondere wenn man sich die grundlegende Rolle von Begriffen bei der Vermittlung von Wissen vor Augen führt.[22] Wie andere Digital Humanities-Forscher im Bereich der Wissenschaftsgeschichte gehen wir daher davon aus, dass eine

20 Siehe dazu auch die Beiträge in Maurice Erb, Simon Ganahl, Patrick Kilian, Hrsg., „Distant Reading and Discourse Analysis“, *Le foucaldien* 2, Nr. 1 (2016), https://foucaldien.net/collections/special/distant-reading-and-discourse-analysis/ (letzter Zugriff: 16. Juni 2021).

21 Zu diesem Punkt siehe Juan Luis Gastaldi, „L'archéologie à l'épreuve des savoirs formels: Mathématiques et formalisation dans le projet d'une archéologie des savoirs“, in *L'épistémologie historique: Histoire et méthodes*, hrsg. von Jean-François Braunstein, Iván Moya Diez und Matteo Vagelli (Paris: Éditions de la Sorbonne, 2019), 187–205.

22 Die Ausrichtung auf die Sprache übernimmt Foucault zweifellos aus Canguilhems Konzeption der Wissenschaftsgeschichte als Begriffsgeschichte. Siehe

computerbasierte Textanalyse wichtige Einblicke in die sozialen und historische Kontexte dieser Geschichte eröffnet.[23]

Wir plädieren für eine Neulektüre der *Archäologie des Wissens*, indem wir den bislang zu wenig beachteten Hinweis aufgreifen, dass zu „den Diskursen, in deren Feld die Diskursanalyse selbst sich bewegt", nicht nur „die Historiographie der langen Dauer", sondern auch „die mathematische Informationstheorie" gehört.[24] Wir konkretisieren dabei die zweifache These, dass Foucaults Einführung, Darstellung und Erläuterung der Diskursanalyse sich einerseits auf Diskussionen im Bereich von strukturaler Linguistik, Informationstheorie und Kybernetik bezieht, andererseits aber die Einführung der elektronischen Datenverarbeitung in die Geschichtswissenschaft der 1960er Jahre reflektiert.

Der Publikation der *Archäologie*, 1969, waren bekanntlich öffentliche Diskussionen über Foucaults historische Arbeiten vorausgegangen, unter anderem mit der Leserschaft der Zeitschrift *Esprit* und dem *Cercle d'épistémologie*, einer informellen Gruppe von Studenten an der Sorbonne und der École normale supérieure, die besonders durch Canguilhem, Althusser und Lacan angeregt waren und zwischen 1966 und 1969 die Zeitschrift *Cahiers pour l'analyse* herausgaben.[25] Als (selbst-)reflexive, kritisch-theoretische Fortsetzung der Analysen zur Herausbildung der

dazu Georges Canguilhem, *Die Herausbildung des Reflexbegriffs im 17. und 18. Jahrhundert*, übers. von Henning Schmidgen (München: Fink, 2008).

23 Mit Blick auf die Wissenschaftsgeschichte siehe in diesem Sinne auch Kenneth D. Aiello und Michael Simeone, „Triangulation of History Using Textual Data", *Isis* 110, Nr. 3 (2019): 522–537. Siehe ebenfalls die bemerkenswerte Studie von Zellig Harris, Michael Gottfried, Thomas Ryckman, Paul Mattick, Jr., Anne Daladier, T. N. Harris und S. Harris, *The Form of Information in Science: Analysis of an Immunology Sublanguage* (Dordrecht: Kluwer, 1989).

24 Wolf Kittler, „Thermodynamik und Guerilla: Zur Methode von Michel Foucaults Archäologie des Wissens", *Trajekte: Zeitschrift des Zentrums für Literaturforschung Berlin* 4 (2002): 16. Siehe auch Bernhard J. Dotzler, „Foucault, der Diskurs, die Medien", in: *Philosophie in der Medientheorie*, hrsg. von Alexander Roesler und Bernd Stiegler (München 2008), 101–116.

25 Mitglieder dieser Gruppe waren unter anderem Alain Grosrichard, Jacques-Alain Miller, Jean-Claude Milner, François Regnault und Alain Badiou. Siehe

Humanwissenschaften, die Foucault mit der *Ordnung der Dinge* vorgelegt hatte, zog die *Archäologie des Wissens* dabei erhebliches Interesse auf sich.[26]

Ein Jahr vor ihrem Erscheinen, 1968, hatte der *Annales*-Historiker Emmanuel Le Roy Ladurie allerdings ebenfalls für beträchtliches Aufsehen gesorgt. Mit Blick auf die zunehmende Verwendung von Computern in der Geschichtswissenschaft postulierte Le Roy Ladurie das „Ende der Gelehrten" und sagte voraus: „Der zukünftige Historiker wird Programmierer sein, oder er wird nicht sein."[27]

Wenn Foucault die *Archäologie des Wissens* mit deutlichen Anspielungen auf die *Annales*-Schule eröffnet – so gleich im ersten Satz mit Bezug auf deren zentrales Thema der *longue durée*: „Seit Jahrzehnten richtet sich nun schon die Aufmerksamkeit der Historiker vorzugsweise auf die langen Perioden […]" (AdW 9)[28] –, wenn er

Peter Hallward and Knox Peden, Hrsg., *Concept and Form, Volume 1: Selections from the Cahiers Pour L'Analyse* (London: Verso, 2012).

26 Zu Foucaults öffentlichen Stellungnahmen in dieser Debatte siehe vor allem Michel Foucault, „Antwort auf eine Frage" [1968], übers. von Hermann Kocyba, sowie „Über die Archäologie der Wissenschaften: Antwort auf den *Cercle d'épistémologie*" [1968], übers. von Hermann Kocyba, in *Schriften in vier Bänden/Dits et Ecrits, Bd. I (1954–1969)*, hrsg. von Daniel Defert und François Ewald (Frankfurt am Main: Suhrkamp, 2001), 859–886 sowie 887–931. Siehe ferner Michel Foucault, „Was ist ein Autor? (Vortrag)" [1969], übers. von Hermann Kocyba, in *Schriften in vier Bänden/Dits et Ecrits, Bd. I*, 1003–1041.

27 Emmanuel Le Roy Ladurie, „La fin des érudits: L'historien de demain sera programmeur ou ne sera pas", *Le Nouvel Observateur*, 8. Mai 1968: 2–3, sowie ders., „L'historien et l'ordinateur", in *Le territoire de l'historien* (Paris: Gallimard, 1973): 11–14. Zum damaligen „Trend zur Quantifizierung" und Laduries „denkwürdige[n] Satz" siehe Peter Schöttler, „Sozialgeschichtliches Paradigma und historische Diskursanalyse", in *Diskurstheorien und Literaturwissenschaft*, hrsg. von Jürgen Fohrmann und Harro Müller (Frankfurt am Main: Suhrkamp 1988), 161 und 183f. Siehe insgesamt auch Peter Schöttler, *Nach der Angst: Geschichtswissenschaft vor und nach dem „linguistic turn"* (Münster: Westfälisches Dampfboot, 2018).

28 Zu Foucaults *Archäologie des Wissens* und der *Annales*-Schule siehe Claudia Honegger, „Michel Foucault und die serielle Geschichte: Über die *Archäologie des Wissens*", Merkur 36 (1982): 500–523, sowie insgesamt Schöttler, *Nach der Angst*, 30–75.

wenige Seiten später erklärt, ein entscheidendes methodologisches Problem der heutigen Geschichtswissenschaft sei „die Konstitution von kohärenten und homogenen Dokumentenkorpussen", und wenn er bei der Spezifizierung neuer Methoden schließlich ergänzt: „quantitative Verarbeitung der Daten, Zerlegung gemäß einer bestimmten Zahl zuweisbarer Züge, deren Korrelation man untersucht, interpretierende Entschlüsselung, Analysen der Frequenzen und Distributionen" (AdW 20–21; Übers. modifiziert), dann wird damit – so unser Argument – auf jenen Einsatz des Computers in den Geistes- und Sozialwissenschaften Bezug genommen, den Le Roy Ladurie kurz zuvor an exponierter Stelle beschrieben hatte.

Dieser Einsatz war aber schon Ende der 1960er Jahre weit entwickelt. Auch wenn die Digital Humanities sich „as a term and a movement" erst in den letzten zwanzig Jahren entwickelt haben und – „since its first use in 2001" – zügig von der bloßen „application of computation to the disciplines of the humanities" auch auf Fragen des „theoretical understandings of computation in culture" hin erweitert haben,[29] reichen ihre Wurzeln im Sinne jener *application*, also des Einsatzes von Computertechnologie in der geistes- und sozialwissenschaftlichen Forschung, mindestens bis in die späten 1940er Jahren zurück, als Roberto Busa sein IBM-gefördertes Projekt der automatisierten Index-Erstellung für die Schriften des Thomas von Aquin (*Index Thomisticus*) begann.[30] In der Geschichtswissenschaft wird dieser Ansatz ähnlich programmatisch durch die Forschungsarbeiten von Mediävisten wie David Herlihy und Christiane Klapisch repräsentiert, die ihre Auswertung italienischer Kataster in den 1950er Jahren ebenfalls

29 Berry und Fagerjord, *Digital Humanities*, 1 und 3.

30 Siehe in diesem Sinn Steven E. Jones, *Roberto Busa, S.J., and the Emergence of Humanities Computing: The Priest and the Punched Cards* (New Yok und London: Routledge, 2016), sowie Stephen Ramsay, *Reading Machines: Toward an Algorithmic Criticism* (Urbana: University of Illinois Press, 2011), 1–3.

mit Hilfe von Computern vorantrieben – ein Beispiel, auf das Le Roy Ladurie in seinem Artikel verweist.[31]

Vor diesem Hintergrund möchten wir die Attraktivität der *Archäologie des Wissens* für die heutigen Digital Humanities herausstellen und eine erneute Auseinandersetzung mit diesem Werk anregen – in den Geistes- und Sozialwissenschaften *und* der Informatik bzw. Computer Science. Obwohl es sich nicht einfach um ein Handbuch oder gar einen praktischen Leitfaden für die Durchführung oder gar die Algorithmisierung von Diskursanalysen handelt, bietet die Lektüre dieser Arbeit von Foucault eine Fülle von Anregungen für die Formulierung und Lösung von Problemstellungen, auf die der Einsatz von digitalen Technologien in den Geistes- und Sozialwissenschaften trifft – unter anderem Argumente für einen programmatischen Übergang von den Digital Humanities zu den Computational Humanities (und nicht mehr nur Humanities Computing), aber auch Hinweise für den praktischen Umgang mit Schwierigkeiten wie der Korpus-Erstellung oder der Text-Bild-Erkennung.

Wir gehen in fünf Schritten vor. Zunächst skizzieren wir den institutions- und ideengeschichtlichen Hintergrund, vor dem Foucault die *Archäologie des Wissens* erarbeitete, wobei wir insbesondere die damalige Konjunktur von Informationstheorie, Kybernetik und Molekularbiologie berücksichtigen. Dann versuchen wir zu bestimmen, was Foucault unter Diskurs und unter Diskursanalyse versteht, indem wir das enge Verhältnis zwischen Diskurs

31 Als Überblick zum Gebiet der Digital Humanities, siehe Anne Burdick, Johanna Drucker, Peter Lunenfeld, Todd Presner und Jeffrey Schnapp, *Digital_Humanities* (Cambridge, MA: MIT Press, 2012), 121–136 („A Short Guide to the Digital_Humanities"). Mit Blick auf die noch weitgehend unerforschte Geschichte dieses Feldes siehe Jonathan Sterne, „The Example: Some Historical Considerations", in *Between the Humanities and the Digital*, hrsg. von David Theo Goldberg und Patrik Svensson (Cambridge, MA: MIT Press, 2015), 17–33. Zu Herlihy siehe Megan Hurst, „Getting Medieval with Big Data: David J. Herlihy (1930–1991), the First Digital Historian", https://www.athenaeum21.com/news/getting-medieval-with-big-data-david-j-herlihy-19301991-the-first-digital-historian (letzter Zugriff: 18. Mai 2020).

und Wissen bzw. Diskurs und Rationalität betonen. Im dritten Schritt behandeln wir ein zentrales Problem der Diskursanalyse im Sinne Foucaults, nämlich die Abgrenzung einzelner diskursiver Formationen. Wie bereits skizziert, situieren wir dieses Problem im Kontext des zunehmenden Einsatzes von Computertechnologie in der Geschichtswissenschaft der 1960er Jahre, vor allem im Zusammenhang der *Annales*-Schule.

Dann wenden wir uns zwei spezifischen Aspekten diskursiver Formationen zu, nämlich ihrer Organisation durch bestimmte *Stile* und *Themen*. Diese von Foucault in so prominenter wie skeptischer Weise beleuchteten Aspekte stellen wir in den Zusammenhang von zeitgenössischen Computerprojekten, die auf eine Automatisierung von Indizierungen und Inhaltsanalysen zielten, insbesondere den *General Inquirer*, der in den 1960er Jahren von einer Gruppe um den Harvard-Psychologen Philip J. Stone entwickelt wurde.[32]

Im abschließenden fünften Schritt fokussieren wir auf eines der Hauptziele der Foucaultschen Diskursanalyse, nämlich: die immanenten Regeln diskursiver Ordnungen zu bestimmen. Diesem stellen wir das Vorhaben zur Automatisierung der Diskursanalyse gegenüber, das – freilich dann wieder auf dem Feld der Sprachwissenschaft – der Philosoph und Linguist Michel Pêcheux, der dem Cercle d'épistémologie angehörte, Ende der 1960er Jahre präsentierte.[33] Vor diesem Hintergrund diskutieren wir am Schluss die Perspektiven eines heutigen Anschlusses der Digital Humanities an Foucault.

32 Philip J. Stone, Dexter Dunphy, Marshall S. Smith und Daniel M. Ogilvie, *The General Inquirer: A Computer Approach to Content Analysis* (Cambridge, MA: MIT Press, 1966).

33 Michel Pêcheux, *Analyse automatique du discours* (Paris: Dunod, 1969). Siehe auch die englische Ausgabe Michel Pêcheux, *Automatic Discourse Analysis*, übers. von David Macey, hrsg. von Tony Hak und Niels Helsloot (Amsterdam: Rodopi, 1995).

[1]

Zwischen Kybernetik und Molekularbiologie

Für die Durchführung seiner Diskursanalysen hat Foucault, soweit bekannt, niemals einen Computer benutzt. Personal Computer für den privaten Gebrauch wurden erst Mitte der 1970er Jahre entwickelt. Bis zu diesem Zeitpunkt bedeutete die Nutzung eines Computers, die Dienste eines universitären (oder kommerziellen) Rechenzentrums mit seinen raumfüllenden Großrechnern und spezialisierten Technikern in Anspruch zu nehmen (siehe dazu auch unten, Abb. 4). Insofern überrascht es keineswegs, dass die online einsehbaren Arbeitsmaterialien, die Foucault um 1965 bei der Vorbereitung von *Die Ordnung der Dinge* benutzte, hauptsächlich eine ausgeprägte Zettelwirtschaft zeigen, welche sich auf handschriftliche Exzerpte und Notizen verlässt. Diese Arbeitsweise hat Foucault aber nicht davon abgehalten, sich offen und interessiert gegenüber dem damaligen Einsatz von Computern in den Geistes- und Sozialwissenschaften zu verhalten.

Unter den Protagonisten der *French Theory* steht er damit nicht allein. So wies auch Deleuze Ende der 1970er Jahre darauf hin, dass der Philosoph André Robinet, der eine Vielfalt von computergestützten Textanalysen (Leibniz, Descartes, Spinoza usw.)

durchgeführt hatte, auf diese Weise die Philosophiegeschichte „erneuert" habe – unter anderem durch die dabei vermittelten Begegnungen mit Computerkunst und Computermusik.[1] Foucault scheint für den Brückenschlag zu digitalen Formen des geistes- und sozialwissenschaftlichen Arbeitens aber besonders empfänglich gewesen zu sein. Aus unserer Sicht sind dafür drei Faktoren verantwortlich.

(1)

Erstens, so wie Deleuze oder Derrida war Foucault zwar als Philosoph ausgebildet worden, verfügte aber über eine zusätzliche Qualifikation als Psychologe, d.h. er war mit den statistischen Methoden vertraut, die seit den 1950er Jahren auch in Frankreich vermehrt in die Psychologie eindrangen. In der Tat ist es eben dieser Kontext – konkret: eine Übersichtsdarstellung zur Psychologiegeschichte –, der ihn 1957 erstmals von der „statistischen Theorie der Information" sprechen lässt, wobei er allerdings nicht – wie man vielleicht erwarten würde – auf Claude Shannon verweist, sondern auf Norbert Wiener und Grey Walter:

> Die Kybernetik ist, scheint es, von einem derartigen Vorhaben [i.e. den Anstrengungen der Psychologie, ihre Widersprüche zu rechtfertigen] weit entfernt. Ihre Tatsachenorientierung scheint sie von jeder Spekulation fernzuhalten, und dem menschlichen Verhalten als Gegenstand wendet sie

1 Gilles Deleuze, „Über die Neuen Philosophen und ein allgemeineres Problem" [1977], in ders., *Schizophrenie und Gesellschaft: Texte und Gespräche, 1975–1995*, übers. von Eva Moldenhauer (Frankfurt am Main: Suhrkamp, 2005), 139. Deleuze ergänzt ein paar Beobachtungen zur Arbeitsweise auf solchen Gebieten: „Das erste Charakteristikum sind die Treffen. Keine Kolloquien oder Debatten, sondern wenn man auf seinem Gebiet arbeitet, trifft man Leute, die auf einem ganz anderen Gebiet arbeiten, als käme die Lösung immer von anderswo her. Es geht nicht um Vergleiche oder intellektuelle Analogien, sondern um wirksame Überschneidungen, Kreuzungen von Linien." (ebd.) Mit Blick auf Robinet fügt er in diesem Sinne an: „zwangsläufig begegnet er Xenakis".

> sich nur zu, um darin versammelt das neurologische Faktum der Feed-back-Schleifen, die natürlichen Phänomene der Selbstregulierung und die statistische Theorie der Information wiederzufinden. [Fußnote von Foucault: Wiener, N., *Cybernetics or Control and Communication in the Animal and the Machine*, Paris 1948; Walter, W.G., *The Living Brain*, New York 1953.] Dennoch kehrt die Kybernetik, wenn sie in den menschlichen Reaktionen dieselben Prozesse wie bei den Servomechanismen entdeckt, nicht zu einem klassischen Determinismus zurück: Unter der Formalstruktur statistischer Hochrechnungen lässt sie Platz für die Ambiguitäten der psychologischen Phänomene und begründet von ihrem Standpunkt aus die stets nur annähernd genauen und stets zweideutigen Formen der davon möglichen Erkenntnis.[2]

Offenkundig war es das ausgeprägte Interesse für Psychologie und Psychoanalyse, das Foucault auch für den Versuch empfänglich machte, Konzepte aus Spieltheorie und Kybernetik für eine linguistische Analyse der therapeutischen Situation zu adaptieren. In einem kurzen Text von 1966, „Botschaft oder Rauschen", erörtert er jedenfalls in einer an die kybernetischen Modellierungen des Psychoanalytikers Jacques Lacan erinnernden Form die Frage, ob der Dialog zwischen Arzt und Patient „nicht auf der Grundlage von Begriffen neu durchdacht werden kann, die [...] aus der Sprachanalyse und der Datenverarbeitung stammen".[3]

In den zehn Jahren, die zwischen diesen beiden Texten von 1957 und 1966 liegen, hat die Informationstheorie im französischen Kontext massive Wirkung entfaltet. Dafür sind hauptsächlich Entwicklungen in zwei Bereichen verantwortlich, mit denen Foucault durch seine wichtigsten akademischen Lehrer eng in Verbindung

2 Michel Foucault, „Die Psychologie von 1850 bis 1950" [1957], übers. von Hans-Dieter Gondek, in *Schriften in vier Bänden/Dits et Ecrits, Bd. I*, 194.

3 Michel Foucault, „Botschaft oder Rauschen?" [1966], übers. von Michael Bischoff, in *Schriften in vier Bänden/Dits et Ecrits, Bd. I*, 722. Zu Lacan und Kybernetik siehe zum Beispiel Pierre Cassou-Nogues, *Les rêves cybernétique de Norbert Wiener* (Paris: Seuil, 2014), 105–117.

stand: einerseits, wie schon erwähnt, die Kybernetik, andererseits die Molekularbiologie.[4]

Nachdem seine Abhandlung *Cybernetics* 1948 zuerst in einem französischen Verlag erschienen war, hatte Nobert Wiener Anfang der 1950er Jahren eine Gastprofessur am Collège de France inne. Während seines dortigen Aufenthalts absolvierte er – wie auch W. Grey Walter und, nebenbei, Warren McCulloch und W. Ross Ashby – im Januar 1951 einen öffentlichkeitswirksamen Auftritt auf einer von Louis Couffignal organisierten Tagung des Centre National de la Recherche Scientifique über Rechenmaschinen und menschliches Denken. Wiener sprach bei dieser Gelegenheit über Rechenmaschinen und das Problem der Form (*Gestalt*), während Walter seine Schildkröten-Roboter präsentierte.[5] In der Folge zeigte sich eine Reihe von französischen Theoretikern durch die Kybernetik fasziniert – von Lacan über Claude Lévi-Strauss bis hin zu Roland Barthes.[6]

1962 kam Wiener nach Frankreich zurück, um mit anderen Repräsentanten der kybernetischen Bewegung – u.a. dem Biologen

4 Zur Kybernetik in Frankreich siehe allgemein Ronan Le Roux, *Une histoire de la cybernétique en France, 1948–1970* (Paris: Garnier, 2015). Zur Molekularbiologie siehe Lily E. Kay, *Das Buch des Lebens: Wer schrieb den genetischen Code?*, übers. von Gustav Roßler (München: Hanser, 2001), 357–358, sowie Onur Erdur, *Die epistemologischen Jahre: Philosophie und Biologie in Frankreich, 1960–1980* (Zürich: Chronos, 2018).

5 Vgl. die Dokumentation *Les machines à calculer et la pensée humaine*, Paris: Centre National de la Recherche Scientifique, 1953 (=Colloques internationaux du Centre National de la Recherche Scientifique; 37).

6 Klaus Bartels „Kybernetik als Metapher: Der Beitrag des französischen Strukturalismus zu einer Philosophie der Information und der Massenmedien", in *Kultur: Bestimmungen im 20. Jahrhundert*, hrsg. von Helmut Brackert und Fritz Wefelmeyer (Frankfurt am Main: Suhrkamp, 1990), 441–474, sowie Bernard Dionysius Geoghegan, „Textocracy, or The Cybernetic Logic of French Theory", *History of the Human Sciences* 33, Nr. 1 (2020): 52–79. Zu früheren Überlegungen zum produktiven Verhältnis von *French Theory* und computergestützter Literaturwissenschaft siehe Mark Olsen, „Signs, Symbols and Discourses: A New Direction for Computer-Aided Literature Studies", *Computers and the Humanities* 27, Nr. 5–6 (1993/1994): 309–314. Olsen bezieht sich dabei vor allem auf Roland Barthes.

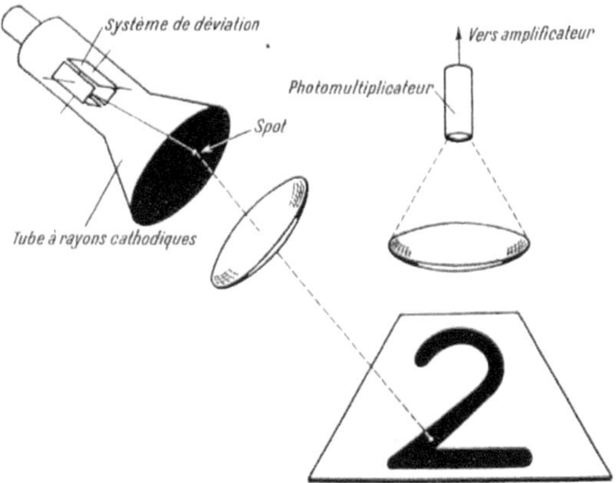

Abbildung 2: Technik für optische Mustererkennung, ca. 1960. Quelle: André Deweze, „État actuel des techniques de lecture automatique", *Automatisme* 7, Nr. 5 (1962): 188.

Ähnlich wie bei einem Fernsehbildschirm wird bei diesem Verfahren eine Kathodenstrahlröhre benutzt, um mit Hilfe eines Elektronenstrahls eine linienförmige Abtastung der Druckvorlage („2") vorzunehmen. Diese Abtastung wird durch einen Photoelektronenvervielfacher aufgenommen, zu einem Verstärker geleitet, mit Hilfe eines Computers statistisch ausgewertet und weiterverarbeitet.

Walter Rosenblith – an einer interdisziplinären Tagung über den Begriff der Information teilzunehmen. Ursprünglich von Maurice Merleau-Ponty und Gilbert Simondon geplant, sollte diese Tagung vor allem dem Dialog zwischen Natur- und Geisteswissenschaftlern dienen, nachdem eine weitere prominent besetzte Konferenz zuvor schon die Bedeutung des Informationskonzepts in den Lebenswissenschaften dargestellt und diskutiert hatte.[7]

Zu den aktivsten Teilnehmern dieser zweiten Tagung zählte der Philosoph Jean Hyppolite, einer der entscheidenden akademischen Lehrer Foucaults. Hyppolites lebhafter Austausch mit Norbert Wiener zeigt dies ebenso wie sein interessierter Dialog mit dem OCR-Pionier René de Posser (Abb. 2) und das pointierte Referat, mit dem er am Schluss der Tagung die Beiträge zusammenfasste und kommentierte.[8] In den 1960er Jahren trug Hyppolite sein Interesse für die Kybernetik in die philosophische Debatte, u.a. durch Vorträge wie „Machine et langage“ (1961), in dem er sich mit Shannon auseinandersetzte und die grundlegende Frage aufwarf, ob Sprache berechenbar sei, und „Information et communication“ (1967), in dem er eine Naturphilosophie der Information skizzierte. Auch die Vorlesungen, die Hyppolite in den späten 1960er Jahren am Collège de France hielt, waren überwiegend der Informationstheorie gewidmet.[9]

Foucault sind diese Interventionen nicht entgangen. Als er 1968 den Nachruf auf Hyppolite schrieb, vermerkte er ausdrücklich dessen Interesse an einer Theorie der Information, die es unter anderem gestatte, „im dichten Geflecht der Naturprozesse und

7 Siehe als zeitgenössischen Bericht Hubert Chantrenne, „Information in Biology“, *Nature* 197 (5. Januar 1963): 27–30, sowie die historische Analyse in Erdur, *Die epistemologischen Jahre*, S. 79–88.

8 Siehe den Tagungsband *Le concept d'information dans les sciences contemporaines*, hrsg. von Louis Couffignal (Paris: Minuit/Gauthier-Villars, 1965) (der Schlusskommentar von Hyppolite findet sich auf S. 419).

9 Jean Hyppolite, „Machine et langage“ [1961], und „Information et communication“ [1967], in ders., *Figures de la pensée philosophiques: Écrits de Jean Hyppolite (1931–1968), Bd. 2* (Paris: PUF, 1971), 891–919 und 928–971.

der Austauschprozesse im Bereich des Lebendigen die Struktur der Botschaft aufzudecken."[10]

Damit ist der zweite hier zur Diskussion stehende Bereich benannt: die Molekularbiologie. Nachdem die französischen Biologen François Jacob, André Lwoff und Jacques Monod 1965 für ihre Arbeit zur genetischen Steuerung der Synthese von Enzymen und Viren den Nobelpreis erhalten hatten, verstärkte dies noch das in den Geistes- und Sozialwissenschaften bereits bestehende Interesse an der Informationstheorie. Ausschlaggebend für Foucault waren in diesem Zusammenhang die Reaktionen seines zweiten akademischen Mentors, des Philosophen, Mediziners und Biologiehistorikers Georges Canguilhem.

Während Canguilhem Anfang der 1950er Jahre noch einer Konzeption angehangen hatte, die die physiologische Beziehung zwischen Organismus und Umwelt betonte, wandte er sich nach 1965 der Molekularbiologie zu. In dieser erkannte er nun eine eigene „Philosophie des Lebens" – unter der Bedingung allerdings, dass sie nicht mit einer „Technologie des Nachrichtenwesens verwechselt" werde.[11] Tatsächlich hielt Canguilhem die Informationstheorie seiner Zeit für „unteilbar", denn sie gelte „ebenso für die Erkenntnis selbst wie für ihre Gegenstände, nämlich Materie oder Leben" – eine Auffassung, der Hyppolite sich anschließen sollte.[12]

Dass Foucault diese Neuausrichtung nicht nur aufmerksam beobachtet, sondern auch gezielt vertieft hat, zeigt sein eigenständiges Interesse an Molekularbiologie. Dieses kommt beispielhaft in der Rezension zum Ausdruck, die er 1970 Jacobs *Logik des Lebendigen* widmete, aber ebenfalls in seiner Darstellung von Canguilhems Arbeit. In dem Vorwort, das er 1978 zur amerikanischen

10 Michel Foucault, „Jean Hyppolite. 1907–1968" [1969], übers. von Michael Bischoff, in *Schriften in vier Bänden/Dits et Ecrits, Bd. I*, 997.

11 Georges Canguilhem, *Das Normale und das Pathologische*, übers. von Monika Noll und Rolf Schubert (München: Hanser, 1974), 194.

12 Ebd., sowie Hyppolite, „Information et communication", 950. Zu Canguilhem und Hyppolite siehe Erdur, *Die epistemologischen Jahre*, 128–131.

 Übersetzung von *Le normal et le pathologique* schreibt, hebt Foucault das Interesse dieses Biologiehistorikers für den „Irrtum", das Rauschen und die Unsicherheiten in den Kommunikationen des Lebens hervor:

> Georges Canguilhem will durch die Klärung des Wissens über das Leben und der Begriffe, die dieses Wissen artikulieren, herausfinden, wie es um den *Begriff im Leben* steht. Das heißt um den Begriff, insoweit er eine der Weisen der Information ist, die jedes Lebewesen in seiner Umwelt entnimmt und durch die es umgekehrt seine Umwelt strukturiert. [...] Daher die Bedeutung, die Georges Canguilhem innerhalb der Wissenschaften vom Leben dem Zusammentreffen der alten Frage des Normalen und des Pathologischen mit den Begriffen beimisst, die die Biologie in den letzten Jahrzehnten der Informationstheorie entlehnt hat: Code, Information, Informationsträger usw. [...] Im Zentrum dieser Probleme steht das des Irrtums. Denn auf dem fundamentalen Niveau des Lebens geben die Spiele des Codes und der Decodierung einem Zufall Raum, der, bevor er Krankheit, Mangel oder Missbildung ist, so etwas wie eine Störung im Informationssystem ist [...].[13]

Damit bestätigte Foucault die grundlegende Auffassung Canguilhems, dass Erkennen heutzutage bedeute: „sich informieren, sich üben im Entziffern und Dekodieren".[14]

13 Michel Foucault, „Vorwort von Michel Foucault" [1961], übers. von Hermann Kocyba, in *Schriften in vier Bänden/Dits et Ecrits, Bd. III (1976–1979)*, hrsg. von Daniel Defert und François Ewald (Frankfurt am Main: Suhrkamp, 2003), 564f.

14 Canguilhem, *Das Normale und das Pathologische*, 194, und zwar mit Verweis (Anm. 64) auf Raymond Ruyer, *La cybernétique et l'origine de l'information*, (Paris: Flammarion, 1954), und Gilbert Simondon, *L'individu et sa genèse physico-biologique* (Paris: PUF, 1964).

(2)

Foucaults aufgeschlossene Haltung gegenüber den entstehenden Digital Humanities hat aber noch andere Quellen. Neben dem akademisch vermittelten Interesse für Statistik, Informationstheorie und Molekularbiologie ist hier – *zweitens* – sein persönliches Interesse für eine avantgardistische Kunst, Musik und Literatur zu nennen, die offen für die Verfahren des Zufalls, der Kombinatorik und der Serialität ist. Darunter fällt einerseits seine Vertrautheit mit Zwölftonmusik und Serieller Musik (Barraqué, Boulez), aber etwa auch seine Faszination für die Literaturtheorie von Maurice Blanchot, der den sprachlichen Zustand der *Dispersion*, der Streuung, Verteilung und Fragmentierung an den Anfang seiner Überlegungen zur Gegenwartsliteratur stellt.[15]

Andererseits und vor allem ist in diesem Zusammengang an Foucaults Auseinandersetzung mit dem Werk des Avantgarde-Schriftstellers Raymond Roussel zu denken. Dessen Romane, etwa *Locus Solus* oder *Eindrücke aus Afrika*, beruhen bekanntlich auf einem speziellen „Verfahren", das – vereinfacht gesagt – von der phonetischen Ähnlichkeit einzelner Sätze ausgeht, deren semantische Gehalte sich deutlich voneinander unterscheiden, um den Abstand zwischen diesen Bedeutungen durch fantastische Erzählungen zu überbrücken.

Die ausführliche Studie, die Foucault 1963 Roussel gewidmet hat,[16] reflektiert die zunehmende Bedeutung informationstheoretischer Überlegungen. Zugleich enthält sie eine ganze Vielzahl von Begriffen, die später in seiner Auseinandersetzung mit dem Phänomen des Diskurses wieder zum Einsatz kommen werden – von „Regel" und „Reihe" bis hin zu „Verteilung" und „Transformation".

15 Maurice Blanchot, *Der Gesang der Sirenen: Essays zur modernen Literatur*, übers. von Karl August Horst (Frankfurt am Main: Ullstein, 1982), 275–278.

16 Siehe Michel Foucault, *Raymond Roussel* [1963], übers. von Renate Hörisch-Helligrath (Frankfurt am Main: Suhrkamp, 1989).

Wie die Archäologie des Wissens wird übrigens schon das Roussel-Buch durch einen fiktiven Dialog mit dem Autor beendet.

Gleichsam im Gegenzug wurden Roussels Werke im Frankreich der 1960er Jahre zum Gegenstand einer Vielzahl von Untersuchungen, die darauf zielten, den „geheimen Code zu knacken", die konkreten Regeln zu „entschlüsseln", die ihnen zugrunde liegen (Abb. 3). In den 1970er Jahren kulminierten diese Untersuchungen in der Hoffnung, die Werke Roussels demnächst per Computer analysieren zu können.[17]

(3)

Drittens wurde Foucaults Interesse für den Gebrauch des Computers in den Geistes- und Sozialwissenschaften durch seine zunehmende Öffnung gegenüber der internationalen Diskussion gefördert. Bekanntlich ist Foucaults Werk tief verwurzelt in der französischen Tradition der Wissenschaftsgeschichte, der sog. Historischen Epistemologie. Die Arbeiten von Canguilhem sind in diesem Zusammenhang besonders prägend gewesen. Diese Arbeiten haben die Wissenschaftsgeschichte nicht nur auf das Gebiet der biologischen und biomedizinischen Wissenschaften geführt, sondern ebenso auf das Problem der Sprache ausgerichtet – und zwar schon vor der Wende zur Informationstheorie.[18] Tatsächlich hat Canguilhem seit den 1940er Jahren die Wissenschaftsgeschichte vor allem als eine Geschichte von „Begriffen" verstanden, die sich aufgrund ihrer komplexen Beschaffenheit

17 Gilbert Lascault und Georges Raillard, „Ouverture", *L'Arc* 68 (1977): 1 (Sondernummer *Raymond Roussel*). Zur Rolle der Computerästhetik im französischen Kontext siehe insgesamt Abraham Moles, *Art et ordinateur* (Paris: Casterman, 1971).

18 Zur Begriffsgeschichte im Sinne Canguilhems siehe Henning Schmidgen, „Dreifache Dezentrierung: Canguilhem und die Geschichte wissenschaftlicher Begriffe", in *Begriffsgeschichte der Naturwissenschaften: Zur historischen und kulturellen Dimension naturwissenschaftlicher Konzepte*, hrsg. von Ernst Müller und Falko Schmieder (Berlin: de Gruyter, 2008), 149–163.

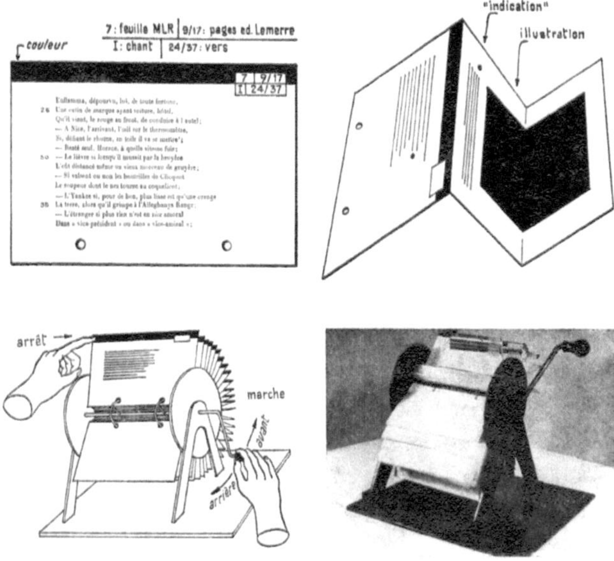

Abbildung 3: Lesemaschine für Roussel-Texte, ca. 1954. Quelle: François Caradec, „La machine à lire Roussel ou La machine à lire *Les Nouvelles Impressions d'Afrique*", *Bizarre* 34–35 (1964): 66.

Diese Lesemaschine wurde in den 1950er Jahren vorgeschlagen, um die Lektüre von Roussels *Nouvelles Impressions d'Afrique* zu erleichtern. Die einzelnen „Gesänge" dieses überlangen Gedichts (1.274 Verse) werden auf Karteikarten verteilt, wobei die Farbkodierungen von Roussel ebenso berücksichtigt werden wie die von ihm exzessiv betriebene Verschachtelung durch Parenthesen. Illustrationen wurden den jeweiligen Textteilen zugeordnet. Wie bei einer Rollkartei (z.B. *Wheeldex* oder *Rolodex*) auf einer drehbaren Achse angebracht, sollte das Gedicht auf diese Weise einfacher konsultiert werden können als bei einem konventionell gebundenen Buch.

auf unterschiedlichen theoretischen „Terrains" ansiedeln können. Foucaults Versuch, die Geschichte des Wissens als Diskursanalyse zu betreiben, schließt an diese Konzeption an.[19]

Als Canguilhem in den frühen 1960er Jahren dem US-amerikanischen Wissenschaftshistoriker Thomas Kuhn begegnete, stand schnell die Frage nach der spezifischen Beschaffenheit dieser theoretischen „Terrains" oder der „Paradigmen", die die wissenschaftliche Praxis bestimmen, auf der Tagesordnung. Übereinstimmend gingen Canguilhem und Kuhn davon aus, dass diese Entitäten mit dem effektiven Funktionieren „normaler" Wissenschaft verbunden sind, aber zumindest für Canguilhem war es eine entscheidende Frage, in welchem Sinne genau diese Normalität zu verstehen ist. Vor dem Hintergrund seiner früheren Studie über *Das Normale und das Pathologische* verfolgte er die Vorstellung, Wissenschaft sei ein Unterfangen, das in seiner Praxis „von innen normiert" ist, während er Kuhn den Vorwurf machte, eine letztlich bloß sozialpsychologische Vorstellung von Normalität als Gewohnheit zu haben.[20]

Foucaults Interesse daran, die Regeln zu analysieren, die den diskursiven Formationen innewohnen, lässt sich als Stellungnahme zu dieser Auseinandersetzung verstehen, als Parteinahme für Canguilhem. Zugleich reflektiert dieses Interesse die Bereitschaft und Fähigkeit des Foucault der 1960er Jahre, die eigene Konzeption in zunehmenden Maße durch die Auseinandersetzung mit internationalen Positionen zu entwickeln – so etwa im Dialog mit Linguisten wie Chomsky oder auch John Searle,[21] ebenso

19 Siehe die expliziten Bezugnahmen auf Canguilhem in der *Archäologie des Wissens* (AdW 11; 205; 247; 271).

20 Siehe Georges Canguilhem, „Der Gegenstand der Wissenschaftsgeschichte", in ders., *Wissenschaftsgeschichte und Epistemologie* (Frankfurt am Main: Suhrkamp, 1979), 30, sowie – mit Blick auf Kuhn – ders., „Le role de l'épistémologie dans l'historiographie scientifique contemporaine", in *Idéologie et rationnalité dans l'histoire des sciences de la vie: Nouvelles études des sciences de la vie*, 2. Aufl. (Paris: Vrin, 2000), 22–23.

21 Siehe etwa den Hinweis auf Searle in Foucault, „Was ist ein Autor?", 1012.

aber durch die Rezeption der philosophischen Positionen von Ludwig Wittgenstein und John Dewey. Tatsächlich fällt Foucaults Rezeption von Deweys *Logik* in genau jene Zeit, in der er mit der Abfassung der *Archäologie des Wissens* beschäftigt war.[22]

Entsprechend weitverzweigt ist die Konfiguration, aus der dieses Werk hervorgegangen ist. Sie kombiniert Philosophie und Wissenschaft, Geschichte, Technik und Literatur. In ihr treffen Chomsky und Lacan ebenso aufeinander wie Wiener und Blanchot oder Kuhn und Roussel. Der rote Faden, dem diese Begegnungen folgen, ist die Frage nach einer neuartigen, ebenso linguistisch orientierten wie statistisch inspirierten Methode der historischen Analyse – einer „seriellen Geschichte", wie Le Roy Ladurie mit Blick auf die *Archäologie des Wissens* sagt.[23]

22 Zu Foucault und Dewey siehe Randall E. Auxier, „Foucault, Dewey, and the History of the Present", *The Journal of Speculative Philosophy* 16, Nr. 2 (2002): 75–102.

23 Siehe Dosse, *Geschichte des Strukturalismus. Bd. 2*, 291.

[2]

Die Streuung des Diskurses

1971, zwei Jahre nach Erscheinen seines Buchs, erläutert Foucault in der Fernsehdiskussion mit Chomsky sein Interesse an der Diskursanalyse anhand eines vergleichsweise einfachen Beispiels. Mit Blick auf die klinische Medizin des späten 18. Jahrhunderts (also sein früheres Buch *Die Geburt der Klinik*) erklärt er, halb ans Publikum gewandt:

> Lesen Sie etwa zwanzig beliebige medizinische Werke der Jahre 1770 bis 1780 und dann etwa zwanzig Werke aus den Jahren 1820 bis 1830, und ich würde aufs Geratewohl sagen, dass sich in vierzig oder fünfzig Jahren alles verändert hat: Worüber man sprach, die Art und Weise, wie man darüber sprach, natürlich nicht nur die Medikamente, nicht nur die Krankheiten oder ihre Einteilung, sondern die Perspektive, der Horizont.[1]

1 Michel Foucault, „Über die Natur des Menschen. Gerechtigkeit vs. Macht" [1974], übers. von Jürgen Schröder, in *Schriften in vier Bänden/Dits et Ecrits, Bd. I*, 599.

Ein Ansatzpunkt der Foucaultschen Archäologie sind demnach Umbrüche im Diskurs, grundlegende Änderungen in der wissenschaftlichen Rede, also – durchaus nahe am Paradigmen-Wechsel im linguistischen Sinn – abrupte Veränderungen in den Schemata, nach denen in diesem Bereich Wörter, Satzteile und schließlich ganze Texte gebildet werden. An diese Beobachtung schließt Foucault die Frage an:

> Wer ist dafür verantwortlich? Wer könnte als Urheber davon gelten? Es wäre gekünstelt zu antworten, Bichat oder gar die ersten Verfechter der klinischen Anatomie. Es handelt sich um einen *kollektiven und komplexen Wandel* des medizinischen Verstehens, sowohl im Hinblick auf seine Anwendung als auch im Hinblick auf seine Regeln.[2]

Es geht also nicht um individuelle und punktuelle Entdeckungen, nicht um einzelne Wissenschaftler oder Autoren, sondern – ähnlich wie bei Kuhn – um übergreifende Änderungen von vorherrschenden Wahrnehmungsformen und Vorgehensweisen. Foucaults *Archäologie des Wissens* zielt darauf ab, solche kollektiven und komplexen Transformationen auf der Ebene der Diskurse, d.h. sprachlicher Äußerungen, zu beschreiben, näher zu untersuchen und, so weit wie möglich, zu erklären.

Nimmt man das Buch zur Hand, wird die Erwartung einer handhabbaren Anleitung jedoch schnell enttäuscht. Zwar wird die *Archäologie des Wissens* oft als Darstellung einer Methode betrachtet, und es stimmt, dass die vorhergehende historische Untersuchung, *Die Ordnung der Dinge*, eine Fußnote enthält, die sich als eine entsprechende Ankündigung lesen lässt.[3] Im Anschluss daran stellt einer von Foucaults Biographen, James Miller, denn auch kurzerhand fest, die *Archäologie des Wissens* sei die „Erklärung und Verteidigung" der Methode Foucaults,

2 Ebd. (Hervorhebung hinzugefügt).

3 Foucault, *Die Ordnung der Dinge*, S. 25, Anm. 3. Siehe ferner die vorausgreifende Anspielung in Foucault, „Was ist ein Autor?", 1006.

sein *treatise of method.*[4] Auch das *Cambridge Foucault Lexicon* behauptet, allerdings etwas vorsichtiger: „Foucault's *Archaeology of Knowledge* provides a detailed methodological reflection on what he was doing".[5]

Wie bereits erwähnt, halten wir solche Einschätzungen zumindest für fragwürdig: (1.) weil Foucault selbst an keiner Stelle seines Buches einen entsprechenden Anspruch erhebt (vielmehr betont er im Rückblick auf seine früheren Arbeiten immer wieder, wie vorläufig, unzureichend und „tastend" diese gewesen seien); (2.) weil die Ausführungen, die man als methodologische betrachten könnte (wie beispielsweise die bereits in obiger Einleitung zitierten Sätze über die Erstellung von Korpora) letztlich keine einfach umsetzbaren Anleitungen darstellen; und (3.) weil es – eben deswegen – bislang auch nicht gelungen ist, auf überzeugende Weise ein in der *Archäologie des Wissens* dargelegtes Verfahren zu ‚destillieren' und auf andere Gegenstände anzuwenden.[6]

Wie ebenfalls bereits gesagt, gehen wir davon aus, dass Foucault in der *Archäologie des Wissens* mit Blick auf die Frage der Diskursanalyse und vor dem Hintergrund der aufkommenden Digital Humanities eine bestimmte Auffassung von (Wissenschafts-) Geschichte und (Wissenschafts-)Geschichtsschreibung entwickelt und diese Auffassung gegenüber einer Reihe anderer Konzeptionen positioniert – so zum Beispiel der *Annales*-Schule, der Historischen Epistemologie von Canguilhem und der Geschichte

4 James Miller, *The Passion of Michel Foucault* (New York: Simon & Schuster, 1993), 124 und 159. Siehe auch David Macey, *The Lives of Michel Foucault: A Biography* (New York: Pantheon, 1993), Kap. 8 „South".

5 Gary Gutting, „Archaeology", in *The Cambridge Foucault Lexicon*, hrsg. von Leonard Lawlor und John Nale (New York: Cambridge University Press, 2014), 16.

6 Zum Destillieren siehe Rainer Diaz-Bone, „Zur Methodologisierung der Foucaultschen Diskursanalyse", *Historical Social Research* 31, Nr. 2 (2006): 243–274; zum Problem der Anwendung siehe Petra Gehring, „Foucaults Verfahren", in Michel Foucault, *Geometrie des Verfahrens: Schriften zur Methode*, hrsg. von Daniel Defert und Jacques Lagrange, ausgewählt und mit einem Nachwort von Petra Gehring (Frankfurt am Main: Suhrkamp, 2009), 373–393.

 des Denkens im Sinne von Hyppolite, aber auch der Wissenschaftsgeschichte von Kuhn sowie der Ideengeschichte im Sinne von Arthur Lovejoy.

Die Besonderheit dieser Positionierung besteht zum einen in ihrem weitgehend impliziten Charakter. Tatsächlich kommt die *Archäologie des Wissens* fast durchgängig ohne Zitate und dementsprechend ohne bibliographische Verweise aus, aber auch fast ohne Eigennamen von Historikern, Soziologen oder Linguisten.[7] Zum anderen geschieht Foucaults Positionierung im Modus eines selbstreflexiven Perspektivismus, das heißt er selbst erscheint nicht als Vertreter einer einzigen, festgelegten Position, sondern als provisorischer Repräsentant unterschiedlicher Standpunkte, also als eine Art Experimentator oder zumindest als *moving target*, das von Untersuchung zu Untersuchung und von Buch zu Buch eine unterschiedliche Sichtweise auf die Geschichte der Wissenschaft und des Wissens, ihre entscheidenden Themen und jeweiligen Probleme entfaltet. Einen ähnlich fliehenden Standpunkt entwickelt er in der *Archäologie des Wissens* gegenüber der sprachwissenschaftlichen Ausprägung der Diskursanalyse, wie wir gleich sehen werden.

Der zentrale Einsatz für diese Positionierung ist nicht der prominent im Buchtitel figurierende Begriff der „Archäologie",[8] sondern das im Text immer wieder verwendete Konzept des *Diskurses*. Foucault hatte diesen Begriff in seinen früheren Studien eher beiläufig, aber durchaus häufig gebraucht, wobei er an zwei bedeutende Beispiele aus der Philosophie anknüpfen konnte, die auf jeweils unterschiedliche Weise Diskurs und Vernunft oder

7 Neben den Bezugnahmen auf Canguilhem siehe die expliziten Hinweise auf Bachelard, Serres und Michelet (AdW 11; 36, 270).

8 Jean-François Braunstein hat gezeigt, dass die Rede von einer „Archäologie" der Wissenschaften im französischen Kontext schon in den 1930er Jahren von Abel Rey geprägt wurde. Siehe Jean-François Braunstein, „Historical Epistemology, Old and New", in *Conference „Epistemology and History: From Bachelard and Canguilhem to Today's History of Science"* (Berlin: Max Planck Institute for the History of Science, 2012), 33–40.

Diskurs und Rationalität assoziierten: einerseits, sozusagen in der individuellen Form, an Descartes, den Verfasser eines *Discours de la méthode*, der in *Wahnsinn und Gesellschaft* als exemplarische Figur der Grenzziehung zwischen Vernunft und Unvernunft präsentiert und problematisiert wird; andererseits, sozusagen in der kollektiven Form, an Kant, der in der von Foucault ins Französische übersetzten *Anthropologie* die freie Unterhaltung einer gelehrten Tischgesellschaft als „Diskurs" beschreibt.[9]

In der Logik von Dewey werden solche Assoziationen von Diskurs und Vernunft bestätigt und bekräftigt. Unter „Diskurs" (*discourse*) versteht Dewey jene Formen der Beweisführung, Argumentation und Schlussfolgerung, die zunächst in der klassischen Logik und Mathematik entwickelt wurden, im Weiteren aber auch Anstöße für die experimentelle Forschung darstellten. Wiederholt spricht Dewey dabei von der „Ordnung" des Diskurses, die ihm zufolge aus einer Reihe von „Aussagen" (*propositions*) besteht, die in bestimmter Weise aufeinanderfolgen und dadurch in ihren Bedeutungen abgewandelt werden – eine Vorstellung, die dem Diskursbegriff von Foucault und seinen Überlegungen zum historischen Wandel von wissenschaftlichen Wahrnehmungsformen und Vorgehensweisen durchaus nahe zu kommen scheint.[10]

9 Siehe Immanuel Kant, Anthropologie in pragmatischer Hinsicht, in *Kants Werke: Akademie-Textausgabe*, Bd. VII (Berlin: de Gruyter, 1968), 117–333. Darin heißt es zum Beispiel: „Daher muss der, welcher einen gesellschaftlichen Discours anhebt..." (178). Siehe dazu Emmanuel Kant, *Anthropologie du point de vue pragmatique*, übers. von Michel Foucault (Paris: Vrin, 1964). Foucault übersetzt: „C'est pourquoi, dans un entretien, on doit commencer..." (53). Zur Tischgesellschaft bei Kant siehe ferner Michel Foucault, *Einführung in Kants* Anthropologie, übers. von Ute Frietsch (Berlin: Suhrkamp, 2010), 94–95.

10 Siehe John Dewey, *Logik: Die Theorie der Forschung*, übers. von Martin Suhr (Frankfurt am Main: Suhrkamp, 2002 (Orig. 1938)), 139, 188 und 367. „Kurzum, der geordnete Diskurs ist selbst eine Reihe von Umformungen, die nach Regeln einer strengen (oder notwendigen) und fruchtbaren Substitution von Bedeutungen vorgenommen werden" (457). In diesem Sinn schreibt übrigens auch Gérard Deledalle, der damalige Kollege Foucaults, gleich am Anfang seiner Einleitung zur französischen Fassung von Deweys *Logik*: „Dans la logique classique, le problème de la vérité se situe dans le monde

Ein entscheidender Aspekt des Foucaultschen Diskursbegriffes ist jedenfalls die Engführung von Diskurs und Vernunft, von Sprache und Wissen, von Aussagen und Forschung, eine Engführung, deren Beschaffenheit und Status sich ihm zufolge allerdings im Lauf der Zeit verändert – von der mittelalterlichen Theologie über die Philosophie der Aufklärung bis hin zur modernen Wissenschaft, von der Exegese über die Erkenntnistheorie bis hin zu wissenschaftlichen Klassifikationen. In diesem Sinne heißt es in der *Ordnung der Dinge* etwa:

> Die fundamentale Aufgabe des klassischen „Diskurses" ist es, den Dingen einen Namen zuzuteilen und ihre Existenz in diesem Namen zu benennen. Während zweier Jahrhunderte bildete der abendländische Diskurs den Ort der Ontologie. Als er die Existenz jeder Repräsentation im allgemeinen benannte, war er Philosophie: Erkenntnistheorie und Analyse der Ideen. Als er jedem repräsentierten Ding den Namen zuteilte, der ihm gemäß war, und im ganzen Gebiet der Repräsentation den Raster einer wohlgestalteten Sprache anordnete, war er Wissenschaft – Nomenklatur und Taxonomie.[11]

Die damit skizzierte Entwicklung des Zusammenhangs von Diskurs und Vernunft wird in der *Archäologie des Wissens* systematisch pointiert, vor allem mit Blick auf das Verhältnis von Text und Kontext oder – um mit Canguilhem zu sprechen – von „Begriff" und theoretischem „Terrain". In dieser Fassung erhält das Diskurs-Konzept erheblichen Umfang. Nach Foucault umfasst dieses Konzept disziplinäre Wissenschaften und alltägliches Wissen, und es verweist, ähnlich wie in der Sprachwissenschaft, auf alle von Sprachteilnehmern tatsächlich realisierten sprachlichen

du discours..." (10). Gérard Deledalle, „Présentation: La théorie de l'enquête et le problème de la vérité", in John Dewey, *Logique: La théorie de l'enquête*, übers. von Gérard Deledalle (Paris: PUF, 1967), 10.

11 Foucault, *Die Ordnung der Dinge*, 164 (Übers. leicht verändert).

Äußerungen – egal ob diese in schriftlicher oder mündlicher Form erfolgen.[12]

In diesem Sinn erklärt Foucault zum Beispiel, dass der Diskurs ein „immenses Gebiet" darstellt, das konstituiert wird „durch die Gesamtheit aller effektiven Aussagen (énoncés) (ob sie gesprochen oder geschrieben worden sind, spielt dabei keine Rolle) in ihrer Dispersion von Ereignissen und in der Eindringlichkeit, die jedem eignet [...]" (AdW 41). Im weiteren Verlauf der Darstellung wird er – in offenkundiger Anspielung auf die Sprechakttheorie von Searle – den Diskurs auch beschreiben als „Menge von sprachlichen Performanzen" (AdW 156), als eine „Menge von Formulierungsakten, eine Folge von Sätzen oder Propositionen" (ebd.) oder schlicht als „gesagte Dinge", „Sätze, die wirklich ausgesprochen oder geschrieben worden sind" (AdW 159).[13]

Die wiederholte Anrufung der „Dispersion" des Diskurses ist dabei einerseits dem Rekurs auf die Literaturtheorie von Blanchot zu verdanken, der die konkrete Erfahrung von Literatur als „Erlebnis der Zersplitterung [*dispersion*]" versteht (als „Annäherung an das, was sich der Einheit entzieht").[14] Andererseits und zugleich ist diese wiederholte Beschreibung als Übernahme einer im weitesten Sinne statistischen Perspektive auf diskursive Ereignisse geschuldet.[15] Statt von einzelnen historischen Akteuren (Personen), Werken, Institutionen oder auch Disziplinen auszugehen, wird damit eine Masse von zufällig verteilten

12 In diesem Sinne betont etwa auch Harris, dass er unter Diskurs „the sentences of a particular connected discourse" versteht und fügt erläuternd hinzu „the *sentences spoken or written* in succession by one or more persons in a single situation". Siehe Harris, „Discourse Analysis", 3 (Hervorh. hinzugefügt).

13 Siehe auch AdW 42: „Das Feld der diskursiven Ereignisse [...] ist die stets endliche und zur Zeit begrenzte Menge von allein den linguistischen Sequenzen, die formuliert worden sind."

14 Blanchot, *Der Gesang der Sirenen*, 278.

15 In diesem Sinne siehe auch Hans-Christian Herrmann, „Totale Bibliothek und Schreibmaschine: Zum Begriff der Streuung in Foucaults Diskursanalyse", *Figurationen* 16, Nr. 2 (2015): 62–72.

diskursiven Ereignissen (und insoweit durchaus strikt linguistischen Daten) an den Anfang gestellt.[16]

Mit dieser Perspektivierung verbindet sich ein erkenntnistheoretisches Motiv, das auch noch in heutigen Debatten um die Digital Humanities wirksam ist. Wenn der Historiker (oder besser: der Archäologe) sich auf den Diskurs als eine Gesamtheit von Daten einlässt, dann sieht er sich, Foucault zufolge, mit „linguistischen Sequenzen" konfrontiert, die „durch ihre Masse jegliche Aufnahme-, Gedächtnis- oder Lesekapazität" übersteigen (AdW 42). Eben deswegen müsse man schon „aus methodischen Erwägungen und in erster Instanz annehmen, daß man es nur mit einer Menge verstreuter Elemente zu tun hat" (AdW 34).

Mit dieser Annahme umgeht der Historiker (oder Archäologe) aber zugleich mögliche Fehlwahrnehmungen und Fehleinschätzungen, die mit der Position des individuellen Lesers und seiner vielleicht nicht prinzipiell, aber doch effektiv beschränkten Leistungsfähigkeit verbunden sind. Er verabschiedet sich oder – wie Foucault sagt – er „verwischt" jene Form von Geschichtsschreibung, „die insgeheim, aber völlig, auf die synthetische Aktivität des Subjekts bezogen war" (AdW 26).

Im Rekurs auf einen in diesem Sinne quantitativ orientierten Diskursbegriff versucht Foucault an dieser Stelle also, „eine Methode historischer Analyse zu definieren, die von dem anthropologischen Thema befreit ist" (AdW 20) – was nicht nur beinhaltet, vom Modell des individuellen menschlichen Lesers abzurücken, sondern ebenfalls impliziert, die „unreflektierten Kontinuitäten außer Kurs zu setzen, durch die man im Voraus den Diskurs organisiert, den man zu analysieren vorhat" (AdW 38). Zu diesen

16 Wie wir eingangs herausgestellt haben, erkennen wir in dieser Perspektive eine Konsequenz von Foucaults Reaktion auf die Einführung des Computers in die Geistes- und Sozialwissenschaften und insbesondere die wichtige Strömung der quantifizierenden, „cliometrischen" Form der Geschichtsschreibung, wie sie im französischen Kontext durch die *Annales*-Schule vertreten wurde.

unreflektierten Annahmen zählen einerseits Entitäten wie „*ein* Werk" oder „*eine* Theorie", aber auch „*ein* Autor" und „*ein* Text" (AdW 13), andererseits all jene Vorstellungen und Begriffe, mit denen man üblicherweise die Geschichte des Denkens, der Ideen und der Wissenschaften organisiert – von den nachgerade magischen Begriffen des „Einflusses" und des „Zeitgeists" über Figuren wie „Genie" und „Originalität" bis hin zu allgemeineren Konzepten wie etwa „Entwicklung" oder „Mentalität" (AdW 33–34).

In der *Archäologie des Wissens* hat das Ansetzen am Diskurs demzufolge auch eine kritische Funktion. Man möchte sagen, es fungiere im Sinne einer phänomenologischen Reduktion, einer *époché*, einer Einklammerung von gängigen Vorurteilen und Vorannahmen darüber, was eigentlich Geschichte ist und wie man sie zu schreiben hat.[17] Positiv gewendet geht es Foucault an dieser Stelle darum, das Material der Geschichte „in seiner ursprünglichen Neutralität zu behandeln" (AdW 41), also beispielsweise ohne vorgängige Unterscheidung zwischen Wissenschaft und Literatur. Sein Projekt zielt hier auf eine „*rein[e] Beschreibung der diskursiven Ereignisse*" (ebd.).

17 „Man muss jene dunklen Formen und Kräfte aufstöbern, mit denen man gewöhnlich die Diskurse der Menschen miteinander verbindet" (AdW 34).

[3]

Eine diskursive Formation abgrenzen, ein Korpus etablieren

Foucaults Annahme einer prinzipiellen Dispersion diskursiver Daten reflektiert – so die hier verfolgte These – eine erste Konjunktur der digitalen Geistes- und Sozialwissenschaften. Als Le Roy Ladurie 1968 aus Sicht der *Annales*-Schule postulierte, der künftige Historiker müsse ein Programmierer sein, konnte er sich nämlich schon auf eine Entwicklung berufen, die über erheblichen Vorlauf verfügte.

Tatsächlich war es das bis auf die Anfänge der zunächst in Straßburg angesiedelten *Annales*-Schule zurückgehende Interesse an der statistischen Erfassung sozialer und historischer Phänomene, das sich in den 1960er Jahren im Pariser Kontext in den zunehmenden Gebrauch der elektronischen Datenverarbeitung umzusetzen begann. In seiner Doktorarbeit über die *Bauern des Languedoc* (frz. 1966) hatte Le Roy Ladurie die Auswertung von Katastern mit Hilfe von elektronischen Rechenmaschinen vorgenommen. Wenig später betraute ihn einer der führenden *Annales*-Köpfe, Fernand Braudel, in Paris mit der Einführung neuer Technologien zur Handhabung historischer und soziologischer Daten.[1]

Dazu zählten ausdrücklich auch linguistische Daten. Bereits Ende der 1950er Jahre hatte der Sprachwissenschaftler und Zeichentheoretiker Algirdas Greimas in einem Aufsatz für die *Annales* „das Programm einer linguistisch fundierten historisch-strukturalen Diskursanalyse" entwickelt, „wenngleich dieser *Begriff* ihm noch fehlte".[2] Später, und dann schon im Rückgriff auf Foucaults Diskurstheorie, sollte Régine Robin an einer diskursanalytischen Annäherung von *Histoire et linguistique* arbeiten,[3] wobei der Titel ihres Buches sowohl den Aufsatztitel Greimas' als auch den eines Lucien Febvre wiederholt, für dessen Programm einer „Allianz zwischen ‚Geschichte und Linguistik'"[4] in den *Annales* die Rubrik „Les mots et les choses" eingeführt worden war, deren Bezeichnung wiederum Foucaults berühmter Buchtitel aufzugreifen scheint.[5]

1 Peter Burke, *The French Historical Revolution*: *The* Annales *School, 1929–1989* (Cambridge: Polity Press, 1990), 53–64, sowie Stefan Lemny, „ ‚L'historien de demain sera programmeur': Emmanuel Le Roy Ladurie et les défis de la science", *Hypothèses*, 28. Dezember 2017), https://histoirebnf.hypotheses.org/1505 (letzter Zugriff: 5. Oktober 2020). Als zeitgenössische Beschreibungen siehe Jacob M. Price, „Quantitative Work in History: A Survey of the Main Trends", *History and Theory* 9 (Supplement 9, *Studies in Quantitative History and the Logic of the Social Sciences*) (1969): 1–13, sowie François Furet, „Le quantitatif en histoire", *in Faire de l'histoire, Bd. 1*, hrsg. von Jacques Le Goff und Pierre Nora (Paris: Éditions Gallimard 1974), 42–61.

2 Peter Schöttler, „Sozialgeschichtliches Paradigma und historische Diskursanalyse", in *Diskurstheorien und Literaturwissenschaft*, hrsg. von Jürgen Fohrmann und Harro Müller (Frankfurt am Main: Suhrkamp, 1988), 163, mit Bezug auf Algirdas J. Greimas, „Histoire et linguistique", *Annales d'histoire économique et sociale* 13 (1958): 110–114.

3 Régine Robin, *Histoire et linguistique* (Paris: Librairie Armand Colin, 1973). Siehe dazu Dosse, *Geschichte des Strukturalismus. Bd. 2*, 302.

4 Schöttler, „Sozialgeschichtliches Paradigma und historische Diskursanalyse", 161; siehe auch ebd., 182 (Anm. 9) und 186 (Anm. 33).

5 Der Originaltitel des Buches, das als *Die Ordnung der Dinge* ins Deutsche und als *The Order of Things* ins Englische übersetzt wurde, lautet *Les mots et les choses*.

Mitte der 1960er Jahre entstanden im Kontext der *Annales*-Schule eine Reihe von historischen Arbeiten, die auf dem forcierten Einsatz von Computertechnik basierten – so die von André Corvisier vorgelegte Untersuchung zur Rolle der Wehrpflichtigen im 19. Jahrhundert und die von Michel Couturier durchgeführte Untersuchung zur Entwicklung einer kleinen französischen Stadt über einen Zeitraum von dreihundert Jahren.[6] 1967 richtete Braudel an der École Pratique des Hautes Études einen eigenen Ausschuss für „Calculateurs" ein, dem Couturier vorstand und der von Le Roy Ladurie aktiv unterstützt wurde.

In den frühen 1970er Jahren wurde diese Tendenz in fruchtbarer Weise weitergeführt, unter anderem durch die Studien von Michel Vovelle, der eine computergestützte Auswertung von 30.000 Testamenten vornahm, und von Philip Ariès, dessen Vertrautheit „mit den modernen Techniken der Informatik" von Foucault in den 1980er Jahren explizit herausgestellt wird.[7]

Auch aus internationaler Perspektive fügt sich Le Roy Laduries Plädoyer für den vermehrten Einsatz des Computers in den Geschichtswissenschaften in eine größere Entwicklung ein. Die detaillierte Geschichte dieser Entwicklung bleibt noch zu schreiben, so dass an dieser Stelle nur auf einige markante Ereignisse und Publikationen hinzuweisen ist – so etwa auf die 1966 erfolgte Gründung der Zeitschrift *Computers and the Humanities* durch den Anglisten Joseph Raben; so etwa auf das von Sally Sedelow, einer Expertin für Stilanalyse, 1967 mit Unterstützung von IBM

6 Burke, *The French Historical Revolution*, S. 60.

7 Michel Foucault, „Der Stil der Geschichte" [1984], übers. von Hans-Dieter Gondek, in *Schriften in vier Bänden/Dits et Ecrits, Bd. IV (1980–1988)*, hrsg. von Daniel Defert und François Ewald (Frankfurt am Main: Surhkamp, 2005), 800. Robins Forschungsübersicht (im bereits erwähnten Buch *Histoire et linguistique*) resümiert ebenso alle bis dahin angewandten Methoden der Diskurslinguistik – bis hin zu Michel Pêcheux' *Analyse automatique du discours* –, die, wie ihre eigenen Studien, nicht zuletzt auf die *Methods in Structural Linguistics* zurückgreifen, die Harris 1951 veröffentlicht und ein Jahr später, wohl als erster, unter dem Aufsatztitel *Discourse Analysis* gebündelt hat.

 organisierte Colloquium „The Computer and Research in the Humanities"; so etwa auf eine Tagung an der Ecole Normale Supérieure im französischen Saint-Cloud, auf der im Frühjahr 1968 der Einsatz von Computern für die Untersuchung des politischen Vokabulars der Moderne erörtert wurde.[8]

Auch der 1971 in Montréal stattfindende Weltkongress der frankophonen Philosophie ist hier zu erwähnen. Dem Thema „Kommunikation" gewidmet, fand auf diesem Kongress nicht nur eine programmatische und weithin rezipierte Diskussion zwischen Derrida und Paul Ricœur statt, eine ganze Sektion war auch der Anwendung der Informatik auf die Philosophie gewidmet. Winfried Lenders von der Universität Bonn stellte darin seine Arbeit am Kant-Index vor, Serge Lusignan von der Universität Montréal präsentierte seine Überlegungen zu „Wahrscheinlichkeit und philosophischem Diskurs" und Paul Tombeur von der Katholischen Universität Leuven diskutierte die Perspektiven einer Automatisierung der Untersuchung von philosophischen Texten. In diesem institutionellen Zusammenhang entstanden auch die Arbeiten Robinets zur computergestützten Analyse der Philosophiegeschichte, auf die Deleuze einige Jahre später hinweisen wird.[9]

Foucaults programmatisches Ansetzen an der Dispersion der diskursiven Ereignisse erscheint vor diesem Hintergrund nicht nur als nachvollziehbar und einleuchtend, sondern geradezu als naheliegend. Deutlich erkennbar sind allerdings auch die erkenntnistheoretischen Probleme, die mit dieser Herangehensweise verbunden waren. So wenig anthropozentrisch der in der *Archäologie des Wissens* umrissene Standpunkt auch ist, so schwierig bleibt die Frage zu beantworten, wie denn im Chaos der diskursiven

8 Siehe dazu den zeitgenössischen Überblick von Christian Wenin, „L'informatique au service de la philosophie. Réalisation et projets", *Revue philosophique de Louvain* 70, Nr. 6 (1972): 177–211.

9 Siehe *La communication. Actes du XVe congrès de l'Association des sociétés de philosophie de langue française, Université de Montréal, Bd. 2* (Montréal: Éditions Montmorency, 1973), 460–495. Zu Deleuze siehe ders., „Über die Neuen Philosophen und ein allgemeineres Problem".

Streuung doch Ordnung erkannt werden kann, konkret: wie, mit Hilfe welcher Kriterien und Verfahren in der schieren Masse diskursiver Daten überhaupt untersuchbare Entitäten abzugrenzen sind.

Wenn das entscheidende methodologische Problem der damals aktuellen Geschichtswissenschaften in der Tat darin bestand, „kohärente und homogene Dokumentenkorpusse" zu konstituieren (AdW 20), mit welchen Hilfsmitteln sollte dabei vorgegangen werden? Durch welche Annahmen und mit welchen Techniken waren „diskursive Formationen" zu isolieren? Konnte man sich auf die Auswahl von „zwanzig beliebigen Werken" aus einer bestimmten Disziplin in einem bestimmten Zeitraum verlassen, wie Foucault in seiner Diskussion mit Chomsky sagte, oder sollte man einfach auf die historisch gewachsenen Grenzen eines bestimmten Archivs oder einer bestimmten Bibliothek setzen?

Foucault war sich darüber im Klaren, dass diese Probleme „künftig zum methodologischen Feld der Geschichte" gehören (AdW 21). Seine eigene Antwort auf diese Probleme fiel allerdings eher (selbst-)reflexiv, theoretisch und nach hinten ausgerichtet aus, weniger praktisch und nach vorne orientiert. So blickt er in der *Archäologie des Wissens* auf seine eigenen Untersuchungen zur Geschichte der Psychiatrie (*Wahnsinn und Gesellschaft*), zur Entstehung der klinischen Medizin (*Die Geburt der Klinik*) und zur Herausbildung von Wirtschaftswissenschaft, Sprachwissenschaft und Lebenswissenschaft (*Die Ordnung der Dinge*) zurück, reichert die Betrachtung der dabei jeweils verfolgten Vorgehensweisen mit Anspielungen und Hinweisen auf andere Ansätze im Bereich der Wissenschafts- und Ideengeschichte an und unterzieht sie dann insgesamt einer Neubetrachtung vor dem skizzierten Hintergrund.

Entsprechend schillernd und tastend bleiben seine Ausführungen zu den diskursiven Formationen. Sie sind weit entfernt von einer Methodologie, scheinen eher auf ein zukünftiges Vorhaben zu zielen und somit durchaus experimentellen Charakter zu haben.

Man könnte sagen, Foucault spekuliert über die Wiederholung seiner Arbeiten unter neuen technischen Voraussetzungen. Dabei bringt er vier unterschiedliche Aspekte oder Perspektiven für die Abgrenzung entsprechender Untersuchungsentitäten ins Spiel:

1. den Gegenstand: Die Geschichte des Wahnsinns habe das Feld des psychiatrischen Wissens mit Blick auf ein bestimmtes Objekt (mit Canguilhem würde man sagen: eines Problems) – eben: den Wahnsinn – umrissen, dabei aber nicht nur den Diskurs der Psychiatrie, sondern ebenso den der Literatur oder etwa den der Jurisprudenz berücksichtigt;
2. den Stil: Die Geschichte der klinischen Medizin werde in der Geburt der Klinik als eine Geschichte von bestimmten Wahrnehmungsformen und Vorgehensweisen untersucht, mithin als Geschichte eines bestimmten Stils des wissenschaftlichen Denkens (und Handelns);
3. die Begriffe: In der Ordnung der Dinge werde die moderne Geschichte von Wirtschaftswissenschaft, Sprachwissenschaft und Lebenswissenschaft vor allem über die Betrachtung spezieller Begriffe und Begriffsfamilien untersucht;
4. die übergreifenden Themen: Die Sprachwissenschaften des 18. Jahrhunderts entwickelten sich nach Foucault vor allem mit Blick auf das Thema der ursprünglichen Sprache, während ein zentrales Thema der Lebenswissenschaften in dieser Epoche die Evolution der Arten gewesen ist (siehe dazu insgesamt AdW 48–60).

Wirklich gelöst ist das Problem der Konstituierung entsprechender Korpora dadurch natürlich nicht. Denn zum einen nimmt Foucault für jedes der vier genannten Formationsprinzipien zugleich eine Verschiebung vor. Statt der „Permanenz einer Thematik", konstatiert er beispielsweise, „findet man eher verschiedene strategische Möglichkeiten, die die Aktivierung unvereinbarer Themen oder auch die Einbettung eines selben Themas in verschiedene Gesamtheiten gestatten" (AdW 57). Vorrangig soll es so – erneut – das „System der Streuung" (Dispersion) sein, das zu erkennen erlaubt, „daß man es mit einer *diskursiven Formation* zu tun hat" (AdW 58).

Zum anderen fehlt aber gerade hierfür eine Erläuterung des wirklichen Vorgehens: Kann wenigstens in einem ersten Schritt auf bibliographische Hilfsmittel zurückgegriffen werden, die mit Blick auf bestimmte *Gegenstände* – etwa im Bereich der Geschichte des psychiatrischen Wissens – erstellt worden sind? Soll eine Ausrichtung an *stil*prägenden Figuren in der Wissenschafts- und Technikgeschichte erfolgen, also etwa im Bereich der klinischen Medizin an Bichat (siehe dazu aber die oben zitierten Äußerungen aus dem Chomsky-Gespräch, die genau *nicht* in diese Richtung zielen)? Kann umgekehrt von einem bestimmten *Thema* ausgegangen werden, für das dann in unterschiedlichen Bereichen ein Korpus erfasst wird, doch wenn ja: wie wird dieses Thema bestimmt und ausgewählt?

Der Tragweite des Problems ist sich Foucault deutlich bewusst. So spricht er in der *Archäologie des Wissens* freimütig davon, dass er „die verschiedenen diskursiven Gebiete", denen er seine früheren Untersuchungen gewidmet hat, „zweifellos auf sehr tastende Weise und, vor allem am Anfang, ohne ausreichende methodische Kontrolle inventarisiert habe" (AdW 95). Erschwerend kommt dabei hinzu, dass er nicht nur Text-, sondern auch Bildmaterial „inventarisiert" hat. Besonders am Anfang von *Wahnsinn und Gesellschaft* ist die Darstellung stark an Bildquellen ausgerichtet, und obwohl die *Archäologie des Wissens* am Schluss einen Abschnitt für die Erörterung von bildlichen Diskursen enthält (AdW 276–277), macht sie letztlich nicht klar, wie sich das Bildmaterial zum Korpus der Texte verhält.

Zudem unterscheiden sich die Aspekte oder Perspektiven, die Foucault mit Blick auf die Abgrenzung bestimmter diskursiver Formationen nennt und verwirft (oder zumindest relativiert) – also: *Gegenstand*, *Stil*, *Begriff*, *Thema* –, nicht nur hinsichtlich ihrer Art voneinander, sie stellen auch nicht nur in der Arbeit von Foucault aufeinanderfolgende Varianten dar, sondern sind ebenfalls sozusagen in Bezug auf ihre Größe zu differenzieren. Tatsächlich scheint Foucault eine Art Entwicklungsschema vorzuschweben, das „von der primären Differenzierung der Gegenstände hin zur Formation der diskursiven Strategien" reicht (AdW 107).

Näher ausgeführt wird dieser zusätzliche Gesichtspunkt zunächst allerdings nicht. Was stattdessen überwiegt ist die übergreifende Betrachtung der diskursiven Formationen mit Blick auf deren innere Organisation.

[4]

Stile und Themen

Mit dem Hinweis auf die „Stile" und die „Themen" von Diskursen nimmt Foucault Stichworte auf, die in der Sprachwissenschaft, der Literaturwissenschaft und der Wissenschaftsgeschichte der 1960er Jahre intensiv diskutiert wurden. Zugleich spielten diese Stichworte allerdings in den frühen Digital Humanities eine wichtige Rolle, insbesondere im Rahmen von Indizierungs- und Konkordanzprojekten. Anders als in der Konzeption von Foucault war die Erörterung des Stilproblems dabei aber vordinglich an der Frage nach dem Autor ausgerichtet – eine Perspektive, die für Foucault, wie oben mit Blick auf Bichat verdeutlicht, durchaus problematisch war.[1]

Nun waren schon im ausgehenden 19. Jahrhundert die Platonischen Dialoge „von Hand" durchkämmt worden, um „Indizienbeweise" für ihre Autorschaft und Entstehungszeit zu finden. Zumindest in Fachkreisen machte sich ein Wincenty Lutosławski

1 Siehe dazu insgesamt Foucault, „Was ist ein Autor?".

 damit einen Namen,[2] und so überrascht es wenig, wenn das Verfahren – es gleichsam popularisierend oder auch anknüpfend an die Popularität, die ein Sherlock Holmes dem „Indizienparadigma" zeitgleich mit der Entstehung der Stilometrie verschafft hatte[3] – bereits in den 1920er Jahren in einem Roman von Siegfried Kracauer auftaucht. Tatsächlich tritt in Kracauers *Ginster* ein Philologe auf, der unter „allen Methoden zur Bestimmung des Alters der Dialoge" diejenige preist, „die nicht von dem Sinn der Werke ausgeht, sondern die belanglosen, unbetonten Worte hervorzieht – Worte also, die gewissermaßen im Schatten liegen – und nun nachforscht, ob in datierten Schriften die gleichen Worte mit dem gleichen Inhalt sich finden."[4]

1928, als Kracauers Roman erschien, hätte die beschriebene Methode bereits durch Hollerith-Maschinen automatisiert sein können, aber konkret vollzog sich dieser Schritt wohl erst 1949, als Busa für seinen *Index Thomisticus* an IBM herantrat (Abb. 4), seit 1924 Nachfolger der einstigen Firma Holleriths. 1957 folgte die erste elektronisch, nämlich auf einer UNIVAC generierte Bibel-Konkordanz, 1959 eine Konkordanz der Gedichte Matthew Arnolds, erstellt mithilfe einer IBM 704.[5]

2 Siehe Wincenty Lutosławski, "Principes de stylométrie appliqués à la chronologie des oeuvres de Platon", *Revue des Études Grecques* 11, Nr. 41 (1898): 61–81, und hierzu Adam Pawłowski und Artur Pacewicz, "Wincenty Lutosławski (1863–1954): Philosophe, helléniste ou fondateur sous-estimé de la stylométrie?", *Historiographia Linguistica* 31, Nr. 2–3 (2004): 423–447.

3 Vgl. Carlo Ginzburg, „Spurensicherung" [1979] in ders., *Spurensicherungen. Über verborgene Geschichte, Kunst und soziales Gedächtnis* (München: Deutscher Taschenbuchverlag, 1988), 78–125.

4 Siegfried Kracauer, *Ginster* [1928] (Frankfurt am Main: Suhrkamp, 2013), 41f.

5 Vgl. etwa die Chronik von Michael Fraser, „A Hypertextual History of Humanities Computing: The Pioneers", http://users.ox.ac.uk/~ctitext2/history/pioneer.html (letzter Zugriff: 7. April 2021) mit Verweis auf John W. Ellison, *The Use of Electronic Computers in the Study of the Greek New Testament text* (Cambridge, MA: Harvard University (Dissertation), 1957), und Stephen Maxfield Parrish, *A Concordance to the Poems of Matthew Arnold* (Ithaca, NY: Cornell University Press, 1959).

Abbildung 4: Roberto Busa und der Beginn des Computereinsatzes in den Geisteswissenschaften. Quelle: Steven E. Jones, *Roberto Busa, S.J., and the Emergence of Humanities Computing: The Priest and the Punched Cards* (New Yok: Routledge, 2016), 53. Reprint Courtesy of IBM Corporation © (2022).

1949 überzeugte der italienische Jesuit Roberto Busa die Firma IBM, ihm technische und finanzielle Unterstützung für die maschinelle Erstellung einer umfangreichen lemmatisierten Konkordanz zu den Werken von Thomas von Aquin zu bieten. Die 1958 entstandene Photographie zeigt Busa, wie er in der Firmenzentrale in New York an der Steuerkonsole eines IBM 705 sitzt.

Es würde zu weit führen, hier all die in der Folge immens aufblühenden automatischen Indexer, Konkordanzer und ihnen verwandten Software-Lösungen zur Erstellung von Worthäufigkeitslisten, Kollokationenthesauri und Statistiken im Dienste der Stilometrie auch nur aufzuzählen, geschweige denn näher zu beleuchten. Bereits 1965 umfasste ein *State-of-the-Art Report* über „automatic indexing systems" und „ [r]elated research efforts in such areas as automatic classification and categorization, computer use of thesauri, statistical association techniques, and linguistic data processing" stattliche 298 Seiten.[6]

Diese frühen Digital Humanities-Projekte – bis hin zu *MicroConcord* (1993) und *WordSmith* (seit 1996 bis heute im Handel)[7] – sind hier nur aus zwei Gründen erwähnenswert. Zum einen wegen der Art des Zugriffs auf Diskurse, den diese Ansätze operationalisieren. *WordSmith* zum Beispiel umfasst drei Module:

- *Concord* dient der Erstellung von Konkordanzen, also von allen Treffern eines Suchbegriffs innerhalb eines zuvor definierten Textkorpus;
- *WordList* listet alle Wörter bzw. Wortformen auf, die in dem ausgewählten Korpus enthalten sind und gibt verschiedene statistische Daten zum Textkorpus aus;
- *KeyWord* erstellt eine Liste von all denjenigen Wörtern bzw. Wortformen, die nach bestimmten statistischen Kriterien in dem Textkorpus signifikant selten oder häufig auftreten.[8]

Anders formuliert, nämlich in Anlehnung an die Beobachtung schon von Kracauers *Ginster*, der Gegenstand dieser Art von Textdatenverarbeitung ist nicht irgendein „Sinn" der Textkorpora,

6 Mary Elizabeth Stevens, *Automatic Indexing: A State-of-the-Art Report*, 2. Aufl., (Washington, D.C.: U.S. Government Print, 1970) (=National Bureau of Standards Monograph; 91).

7 Siehe Mike Scott, „Developing WordSmith", *International Journal of Engineering Science* 8, Nr. 1 (2008): 95–106.

8 Siehe https://de.wikipedia.org/w/index.php?title=WordSmith&oldid=196233614 (letzter Zugriff: 22. Juni 2021).

nicht irgendeine Bedeutung der Wörter, sondern es sind schlicht die Wörter (ggf. Wortformen, ggf. auch Morpheme) als solche; ‚diskursive Ereignisse' in ihrer weitreichenden Neutralität. Letztlich sind es Zeichen und Zeichenketten im informationstechnologischen Sinn: Signifikanten ohne Signifikat, also schon nicht einmal mehr Zeichen im linguistischen Sinn.

Zum anderen verdienen diese frühen Digital Humanities-Projekte unser kritisches Interesse, weil sie mit diesem Ansatz immer wieder auf ein bestimmtes Problem, eine bestimmte Frage zielten: nämlich die des Stils. In der Tat ist eines der namhaftesten Anwendungsgebiete der Computerphilologie, die von den Indexern und Konkordanzern der 1960er Jahre bis hin zu *WordSmith* betrieben wurde (und wird), die Stilometrie mit dem Ziel, Autorschaften zu bestimmen.

„Stil" wird in diesem Kontext definiert als der „Unterschied der Häufigkeitsverteilungen und Matrizen der Übergangswahrscheinlichkeiten linguistischer Einheiten eines Textes von den entsprechenden [Einheiten] der Sprache als Ganzes"[9] – was nun freilich, trotz des von Foucault erklärten Desinteresses am Autor, von manchen Passagen in der *Archäologie des Wissens* gar nicht so weit entfernt scheint. Wie oben in der Einleitung erwähnt, zeigt sich Foucault durchaus an den „Frequenzen und Distributionen" von historischen Daten interessiert (AdW 20–21), und es ist die „Distribution" von Gegenständen im Diskurs, das „Spiel ihrer Unterschiede, ihrer Nähe oder ihrer Entfernung" (AdW 70), das seine Aufmerksamkeit fesselt, sowie – auf der Ebene einzelner Aussagen – die Organisation und die „Wahrscheinlichkeit" von bestimmten Zeichenfolgen (AdW 123).

9 Werner Müller, „Textklassifikation und Stilanalyse: Gedanken zur automatischen Beschreibung eines Produktes und seines Produktionsprozesses", in *Literatur und Datenverarbeitung: Bericht über die Tagung im Rahmen der 100-Jahr-Feier der Rheinisch-Westfälischen Technischen Hochschule Aachen*, hrsg. von Helmut Schanze (Tübingen: Niemeyer, 1972), S. 161.

Nicht zuletzt deswegen scheint es plausibel, auch die von Foucault erörterte Frage nach den „Themen" von Diskursen mit den damaligen Projekten der Digital Humanities zusammenzubringen, insbesondere mit der Entwicklung von *Computer Techniques in Content Analysis*. Diese Techniken wurden 1969, im Erscheinungsjahr der *Archäologie des Wissens*, in einem Sammelband resümiert, den man wohl als *das* einschlägige Standardwerk dieser Jahre bezeichnen kann. Schon der Titel, *The Analysis of Communication Content: Developments in Scientific Theories and Computer Techniques*, lässt die Nähe, aber auch das Spannungsverhältnis solcher Techniken gegenüber Foucaults Unternehmen erkennen, wenn dessen Ansatz – so zwar nicht in der *Archäologie des Wissens*, aber in der *Geburt der Klinik* (auf der Linie seines Beispiels in der Diskussion mit Chomsky also) – lautet: „Um die Mutation des Diskurses in dem Moment zu erfassen, da sie sich vollzogen hat, muß man zweifellos etwas *anderes befragen als die thematischen Inhalte* oder die logischen Modalitäten."[10]

Gerade dadurch ist *The Analysis of Communication Content* aber ein umso aufschlussreicheres Buch. Sein heimlicher, aber doch identifizierbarer Held ist der, wie einleitend schon erwähnt, von einer Gruppe um Philip J. Stone ab 1961 an der Harvard University entwickelte *General Inquirer* (GI), so benannt nach dem im selben Jahr unter dem Titel *GPS, a program that simulates human thought* von Herbert Simon und Allan Newell vorgestellten *General Problem Solver*. Schon in jungen Jahren galt Stone als Pionier „in the use of computers for social science research", und da er dies als Psychologe war, der über Jahre hinweg einen Social Psychology-Pflichtkurs über „methods of observation, survey research, and content analysis"[11] unterrichtete, findet sich erneut eine

10 Foucault, *Geburt der Klinik*, 9 (Hervorhebung hinzugefügt) vs. George Gerbner et al., Hrsg., *The Analysis of Communication Content: Developments in Scientific Theories and Computer Techniques* (New York: Wiley, 1969), 9.

11 Herbert Kelman et al., „Memorial Minute". *Harvard Gazette*, 10. Mai 2007, https://news.harvard.edu/gazette/story/2007/05/ memorial-minute/ (letzter Zugriff: 16. Juni 2021).

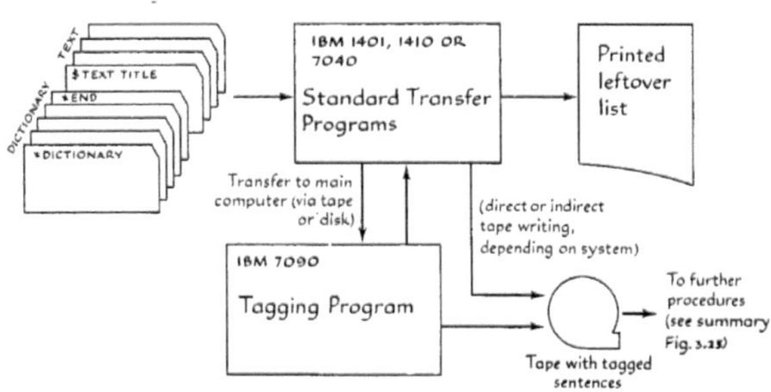

Abbildung 5: Tagging-Verfahren beim IBM 7090-7094s. Quelle: Philip J. Stone, Dexter Dunphy, Marshall S. Smith und Daniel M. Ogilvie, *The General Inquirer: A Computer Approach to Content Analysis* (Cambridge, MA: MIT Press, 1966), 94.

Das Wörterbuch wird durch eine Karte mit der Bezeichnung „*Dictionary" gekennzeichnet, gefolgt von einer Karte mit der Bezeichnung „*End". Die Textkarten folgen unmittelbar darauf auf demselben Stapel. Die Informationen in diesem Stapel werden auf Magnetband oder eine Festplatte übertragen, bevor sie vom Computer verarbeitet werden. Das Computerprogramm liest und speichert zunächst das Wörterbuch. Dann, während der Computer den Text scannt und Tags vergibt, werden die Sätze mit ihren Tags auf Magnetband geschrieben, entweder direkt vom IBM 7090-7094 oder indirekt über eine zwischengeschaltete Festplatte. Zusätzlich wird vom 7090-7094 eine Liste der Reste auf dem Magnetband oder der zwischengeschalteten Platte erstellt und anschließend von einer kleineren Maschine ausgedruckt.

signifikante Berührung dieser beiden Bereiche: Psychologie und Humanities Computing.

Der GI nun, so kann man es seiner voluminösen Präsentation von 1966 entnehmen, ist

> a set of computer programs to *(a)* identify systematically, within texts, instances of words and phrases that belong to categories specified by the investigator; *(b)* count occurrences and specified co-occurrences of these categories; *(c)* print and graph tabulations; *(d)* perform statistical tests; and *(e)* sort and regroup sentences according to whether they contain instances of a particular category or combination of categories.[12]

Wie das jeweils im Einzelnen geht, muss hier nicht referiert werden. Mit Blick auf die *Archäologie des Wissens* interessiert zum einen das Grundprinzip und zum anderen dessen Begründung. Das Grundprinzip des GI ist die unter (a) genannte Zuordnung von Kategorien zu Wörtern und Wortketten. Diese erfolgt durch Abgleich der gefundenen *tokens* mit ihrem *type* in einem Wörterbuch, wie man aus dem entsprechenden Schema ersehen kann (Abb. 5).

Im Anschluss an die Terminologisierung: „The categories assigned are called tags"[13], lautet die Erläuterung zu diesem Schema: „A computer scans the text from beginning to end. Each successive text word is looked up in the content analysis dictionary provided by the investigator. The tags assigned by each successfully matched entry word [...] are stored in sequence on a list."[14]

Basisoperation des GI ist also ein automatisiertes – und man muss noch ergänzen: Satz für Satz erfolgendes – Tagging, und über den daraus resultierenden Listen von tags lässt sich dann die mehr oder weniger gleiche Operation noch einmal – und noch

12 Stone et al., *The General Inquirer*, 68.

13 Ebd., 87.

14 Ebd., 93.

einmal usw. – ausführen. Nach Vergabe der tags, heißt das, kann der GI wiederum die tag-Listen auf (ebenfalls vordefinierte) „co-occurrence patterns" hin durchsuchen und, wo er sie findet, um „sentence summary tags" ergänzen, die dann ihrerseits Mustererkennungsprozeduren unterzogen werden können, welche zuletzt in einer Auswertung hinsichtlich der thematischen Schwerpunkte des gesamten untersuchten Dokuments terminieren.

Nun ließe sich trefflich darüber spekulieren, ob diese Ausrichtung des GI auf das „studying themes" womöglich *kein* Zufall war. Denn nicht nur Foucault war – zu Zwecken der Abgrenzung – in den 1960er Jahren an einer Analyse der bestimmenden „Themen" wissenschaftlicher Diskurse interessiert, sondern auch ein Harvard-Kollege von Philip J. Stone, der Wissenschaftshistoriker Gerald Holton, war dabei, seinen *Thematic Origins of Scientific Thought*-Ansatz zu entwickeln, also seine Auffassung von „Themata" als „play[ing] a dominant role in the initiation and acceptance or rejection of certain key scientific insights".[15]

Aber sollte es hier Zusammenhänge geben, wäre Stones Entwicklung zugleich ein erhobener Zeigefinger gegenüber den Wissenschaftshistorikern. Die Begründung für den GI lautet nämlich, statt lediglich mit einer Beschleunigung der Auswertungsprozesse zu argumentieren, wie folgt:

> In content analysis research prior to the computer, it was often difficult to determine exactly how the investigator translated hypotheses stemming from his theory into measurement procedures. Judgements were often intuitive, making replication almost impossible. However, when measurement categories have to be made explicit enough to

15 Gerald Holton, *Thematic Origins of Scientific Thought: Kepler to Einstein*, Revised Edition (Cambridge, MA: Harvard University Press, 1988), 1. – Das Buch erschien in erster Auflage 1973, verweist für seine einzelnen Kapitel aber auf Aufsätze ab 1956.

> be used by a computer, there remains little question of what is measured.[16]

Die Verdächtigung bloß intuitiven Vorgehens im Unterschied zu überprüfbarer Methodik ist zweifellos nachvollziehbar. Aber bleibt da wirklich „little question of what is measured"? Ganz im Gegenteil scheint uns, dass genau das die große Frage ist. Der Abgleich der *tokens* mit den *types* oder Lemmata im „dictionary" scheint Morpheme in Lexeme zu verwandeln. Aber deren Einträge in jenem Wörterbuch sind auch wieder ‚nur' Morpheme. Desgleichen die aus dem Abgleich resultierenden *tags* und die *sentence summary tags* und so immer weiter. Die Information, die hierdurch verarbeitet wird – der ‚gemessene' Inhalt –, sind keine Wort-, Satz- oder Textinhalte (Bedeutungen oder Themen), sondern die Wörter, Sätze, Texte selber – also: Signifikanten, Zeichenketten, *strings* – als Inhalt. Gar nicht zu reden von irgendwelchen Regeln ihrer Produktion und/oder Verkettung.

16 Stone et al., *The General Inquirer*, 69.

[5]

Die Regeln des Diskurses

Genau diese Problematik greift die *Archäologie des Wissens* allerdings auf. Die Frage, die sie in dieser Hinsicht stellt, bezieht sich auf die Anordnung der Aussagen, die in den diskursiven Formationen enthalten sind, also auf das Problem, ob die entsprechenden Aussagen *in den* jeweiligen Formationen oder *durch* diese Formationen nicht doch in einer spezifischen Weise organisiert sind, und ob man an ihnen nicht eine Regelmäßigkeit feststellen kann: „eine Ordnung in ihrer sukzessiven Erscheinung, Korrelationen in ihrer Gleichzeitigkeit, bestimmbare Positionen in einem gemeinsamen Raum, ein reziprokes Funktionieren, verbundene und hierarchisierte Transformationen" (AdW 57). Auch hier betont Foucault, dass man die Beantwortung von solchen Fragen „ausprobieren" müsse (AdW 58), dass es darum gehe, „auf ein neues Gebiet vorzustoßen, das man noch nicht gerastert" habe (AdW 59).

Die übergeordnete Leitlinie und zugleich das entscheidende Element auf dieser experimentellen Suche nach den bestimmenden Regeln des Diskurses werden trotzdem genannt. Es liegt darin, dass die fraglichen Regeln den Aussagen nicht ‚von außerhalb' auferlegt werden, also nicht etwa im Sinne einer Grammatik zu verstehen sind, die untergründig das Verhalten einzelner Sprecher steuert, aber auch nicht als gesellschaftliche Konvention, als offensichtlicher Standard oder eben als „Paradigma" zu begreifen sind, das insgesamt das Verhalten in wissenschaftlichen Projekten oder Gemeinschaften bestimmt. Foucault geht vielmehr davon aus, dass der Diskurs eine durchaus eigenständige, geradezu irreduzible Sphäre des individuellen ebenso wie kollektiven Erlebens und Verhaltens darstellt, und dass diese Sphäre – um mit Canguilhem zu sprechen – „von innen normiert" ist.

Auf eben diesen Sachverhalt zielen die wiederholten Bemerkungen Foucaults ab, die sich auf die „immanenten Regelmäßigkeiten des Diskurses" beziehen (AdW 91). Die Regeln befinden sich, so wird er nicht müde zu betonen, nicht hinter oder über den Diskursen, sondern „auf der ‚oberflächlichen' Ebene (der Ebene der Diskurse)" (AdW 92). Sie sind nicht im Bewusstsein der Individuen und nicht in einer „Mentalität" im Sinne der *Annales*-Schule angesiedelt, „sondern im Diskurs selbst" (ebd.).

Ähnlich argumentiert Foucault, wenn er zu der Gesamtheit der Regeln, die eine diskursive Praxis determinieren, die Feststellung trifft, dass sich diese Regeln den Elementen, die sie in Beziehung setzen, nicht von außen auferlegen. Stattdessen sagt er: „sie sind genau in das einbezogen, was sie verbinden" (AdW 185), oder er betont, dass die Regeln einer diskursiven Formation niemals in einzelnen Formulierungen gegeben seien: „sie [die Regeln] durchdringen die Formulierung und bilden ihnen einen koexistentiellen Raum" (AdW 209).

Mit dieser Vorstellung einer immanenten Regelhaftigkeit von sprachlichen Äußerungen nähert sich Foucault sprachphilosophischen Positionen an, die am prominentesten wohl von Ludwig Wittgenstein vertreten worden sind. Tatsächlich enthalten Wittgensteins *Philosophische Untersuchungen* nicht nur eine Vielzahl von Überlegungen zur Funktion von sprachlichen Regeln, sondern auch häufige Engführungen von Gebrauch und Bedeutung, so etwa in der berühmten Formulierung: „Die Bedeutung eines Wortes ist sein Gebrauch in der Sprache."[1]

Mit der Annäherung an solche Positionen setzt Foucault sich zugleich von der Trennung in Oberflächen- und Tiefenstruktur ab, wie sie in der Sprachwissenschaft der 1960er Jahre besonders prägnant von Chomsky vorgenommen worden war. Stattdessen rückt er in deutliche Nähe zur sog. „distributional hypothesis", die eng mit den Namen von Zellig Harris, Chomskys Lehrer, sowie John R. Firth verbunden ist und in der heutigen Informatik oft durch die Formulierung wiedergegeben wird: „Words which are similar in meaning occur in similar contexts."[2]

In der Tat akzentuiert Foucault in der *Archäologie des Wissens* eine Nähe von „Regel" und „Regelmäßigkeit". So beschreibt er die Gesamtheit der Regeln für eine bestimmte diskursive Praxis etwa als „Formationssystem" und möchte dieses Formationssystem dann als ein „komplexes Bündel von Beziehungen" verstanden wissen, welche ihrerseits als Regel für die vier oben erwähnten Entitäten – Gegenstand, Stil, Begriff, Thema – fungieren:

> Es [das Formationssystem] schreibt das vor, was in einer diskursiven Praxis *in Beziehung gesetzt* werden musste, damit

1 Ludwig Wittgenstein, *Philosophische Untersuchungen*, in ders., *Werkausgabe* Bd. I (Frankfurt am Main: Suhrkamp, 1984), 262. 1961 waren die *Philosophische Untersuchungen* von Pierre Klossowski ins Französische übersetzt worden. Siehe Ludwig Wittgenstein, *Tractatus logico-philosophicus, suivi de Investigations philosophiques*, traduit de l'allemand par Pierre Klossowski, Paris: Gallimard, 1961. Zu Foucault und Wittgenstein siehe Frédéric Gros und Arnold Davidson, Hrsg., *Foucault, Wittgenstein: De possibles rencontres* (Paris: Kimé, 2011.)

2 Das Zitat stammt aus Herbert Rubenstein und John Goodenough, „Contextual correlates of synonymy", *Communications of the ACM* 8, Nr. 10 (1965): 627. Siehe insgesamt auch Zellig S. Harris, „Distributional Structure", *Word* 10, Nr. 2–3 (1954): 146–162 , sowie John R. Firth, „A Synopsis of Linguistic Theory, 1930–1955", in *Studies in Linguistic Analysis*, 2. Aufl, hrsg. von The Philological Society (Oxford: Blackwell, 1962), 1–32. Die Kurzfassung der „distributional hypothesis" lautet nach Firth: „You shall know a word by the company it keeps!" (ebd., 11). Er bezieht sich dabei explizit auf Wittgenstein.

> diese sich auf dieses oder jenes Objekt bezieht, damit sie diese oder jene Äußerung zum Zuge bringt, damit sie diesen oder jenen Begriff benutzt, damit sie diese oder jene [die Themen betreffende] Strategie organisiert. (AdW 108, Hervorhebung hinzugefügt) [3]

Damit scheint sich die Frage nach den Regeln des Diskurses in der Frage nach den Regelmäßigkeiten von Beziehungen zwischen diskursiven Elementen aufzulösen. Das Normative des Diskurses, so könnte man sagen, wird über statistisch bestimmbare Verteilungen und Beziehungen erfasst. Diskursive Regelhaftigkeit nähert sich diskursiver Häufigkeit an.

Foucault geht noch einen Schritt weiter. Der Diskurs verfügt ihm zufolge nicht nur über eigene Formen der Verteilung und Vernetzung, sondern ebenfalls über spezifische Arten der Reihung und Abfolge (siehe AdW 241). Neben der Erfassung von relationalen Häufigkeiten besteht die Aufgabe der Diskursanalyse, die in der *Archäologie des Wissens* beschrieben wird, nämlich darin, „den Ableitungsbaum [*arbre de dérivation*] eines Diskurses zu erstellen" (AdW 210; Übersetzung modifiziert).

An dieser Stelle greift Foucault allem Anschein nach ein weiteres, auch von Chomsky benutztes linguistisches Modell auf,[4] um es für die Analyse seiner Gegenstände – der diskursiven Formationen – nutzbar zu machen. Der diskursive „Ableitungsbaum" soll zeigen, dass bestimmte Gruppen von Aussagen – Foucault nennt sie *„leitende Aussagen"* – die Regeln des Diskurses „in ihrer allgemeinsten und am weitesten anwendbaren Form" verwenden (AdW 209), während andere Aussagegruppen mit weniger

3 Siehe ähnlich an einer anderen Stelle, an der die Rede ist von der „Herstellung von Beziehungen, die die diskursive Praxis selbst charakterisieren" (AdW 70).

4 Zum Baum und zu Baum-Diagrammen bei Noam Chomsky, *Aspects of the Theory of Syntax* (Cambridge, MA: MIT Press, 1965), 12, 64, 84 usw. Zur Frage der *derivation* von Sätzen aus einer Grammatik siehe ebd., 9 und 67.

allgemeinen Regeln gebildet werden können, deren Anwendungsbereich spezifischer ist.

Erneut wird dabei auch die Unterscheidung zwischen Gegenstand, Stil, Begriff und Thema (oder Strategie) zur Geltung gebracht. Der Eindruck, dass in dieser Unterscheidung ein Entwicklungsschema steckt, verstärkt sich dabei. So erklärt Foucault mit Blick auf das Beispiel der Naturgeschichte:

> Als *leitende Aussagen* wird sie [die Archäologie des naturgeschichtlichen Wissens] in bezug auf die Wurzel diejenigen setzen, die die Definition von beobachtbaren Strukturen und des Feldes möglicher *Gegenstände* betreffen; diejenigen, die die Formen der Beschreibung und die perzeptiven Kodes [=Stile] vorschreiben, deren sich der Diskurs bedienen kann; diejenigen, die die allgemeinsten Charakterisierungsmöglichkeiten erscheinen lassen und damit ein ganzes Gebiet zu errichtender *Begriffe* eröffnen; und schließlich diejenigen, die, indem sie eine *strategische Wahl* [hinsichtlich des *Themas*] konstituieren, einer sehr großen Zahl späterer Optionen Raum lassen (AdW 210).

Dieses Ableitungsmodell einer offenkundig *virtuellen* Diskursformation ist ein Modell von Ästen, das ähnlich wie bei der Bildung von Sätzen auch in der Entwicklung unterschiedlicher diskursiver Formationen auf unterschiedliche Weise durchlaufen wird. Foucault besteht dabei erneut auf der Spezifizität des Diskursiven. Es geht nicht um Deduktionen von Untersätzen aus Obersätzen, wie in der klassischen Logik (im Sinne Deweys), aber auch nicht um Entwicklungs- und Lernprozesse im Sinne der kognitiven Psychologie: „Sie [diese Ableitung] unterscheidet sich von all diesen Bahnen und muß in ihrer Autonomie beschrieben werden." (AdW 210).

Für die Durchführung entsprechender Analysen hat Foucault, wie gesagt, nie selbst einen Computer benutzt. Dass der Einsatz von digitalen Technologien in diesem Bereich aber durchaus am Horizont stand, und zwar schon Ende der 1960er Jahre, verdeutlichen die Arbeiten von Michel Pêcheux, einem Linguisten und Philosophen aus dem Althusser-Umkreis, der auch Mitglied des *Cercle d'épistémologie* war und insofern frühzeitig an den Debatten über die Methodologie Foucaults beteiligt war.

In seinem 1969 erschienenen Buch *Analyse automatique du discours* entwirft Pêcheux ein Vorhaben, das dem archäologischen Unterfangen von Foucault durchaus ähnlich zu sein scheint, auch wenn es auf das Phänomen der Produktion von Text im Hinblick auf – man beachte: – die dafür erforderlichen Tiefenstrukturen ausgerichtet ist. Hier Foucaults Programmentwurf einer „Analyse der inneren Regelzwänge (*contraintes internes*) des Dokuments als solches: ‚Es geht darum, das Determinationssystem des Dokuments als Dokument zu finden'";[5] da das konkrete Computerprogramm, das den „*Produktionsprozeß*" als „Gesamtheit der formalen Mechanismen, die einen Diskurs gegebenen Typs in gegebenen Umständen produzieren" alias „Produktionsbedingungen" zum Gegenstand der Untersuchung macht.[6]

Wie beim GI besteht auch in diesem Fall die Begründung für den Versuch, diese Art von Forschung zu automatisieren, in dem Einwand gegen die Intuitivität jeder Textauswertung durch eine Lektüre, die eben die Fähigkeit zu lesen und zu verstehen immer schon zur Voraussetzung hat: „[D]iese Methode setzt auf grundlegende Weise eine Kultivierung [*acculturation*] der Codierer, ein Erlernen des Lesens voraus. [...] Die größte Gefahr besteht also darin, dass die auf diese Art begriffene Analyse in

5 François Dosse, *Geschichte des Strukturalismus. Bd. 1: Das Feld des Zeichens, 1945–1966*, übers. von Stefan Barmann (Hamburg: Junius, 1996), 298. Dosse zitiert hier einen Satz aus Michel Foucault, „Le structuralisme et l'analyse littéraire", Vorlesung im Club Tahar Haddad, Tunesien, 4. Februar 1967, Centre Michel Foucault, Bibliothèque du Saulchoir.

6 Pêcheux, *Analyse automatique du discours*, 12, sowie ders., *Automatic Discourse Analysis*, 77f.

den Ergebnissen das Lektüre-Raster reproduziert, das sie möglich gemacht hat […].“[7]

Im Übrigen treffe dieser Vorbehalt, so Pêcheux weiter, noch den GI von Stone, dem von ihm erhobenen, gegenteiligen Anspruch zum Trotz:

> Der Übergang vom Handwerk zur Industrie verändert die Frage nicht auf grundlegende Weise: Die Methode des General Inquirer […] besteht darin, im Korpus das Vorkommen von Wörtern und Phrasen nachzuweisen, die Kategorien entsprechen, die im Vorhinein [in Gestalt der *dictionaries*] in ein Erkennungsprogramm eingegeben wurden.[8]

Demgegenüber war die von Pêcheux konzipierte *Analyse automatique du discours* als System gedacht, das nicht nur die Kategorien oder ‚Bedeutungen' herausfand, die zuvor in es hineingesteckt worden waren, sondern aus sozusagen ‚purem' Text dessen Bedeutung erschloss: „an instrument that required discourses (not meanings) as its input, and that would have information about the meaning of those discourses as its output.“[9]

Entwicklungsziel war also eine Maschine, die nicht nur Daten ein- und wieder auslesen kann, wie das Computer so definiert („that computers can also ‚read' text“,[10] meinte Stone noch erklären und zugleich in die Anführungszeichen uneigentlicher Rede setzen zu müssen), sondern die in einem emphatischen Wortsinn zu *lesen* und *deshalb* die Menschen, die „ein Erlernen des Lesens“ hinter sich haben, zu ersetzen imstande ist. Gegen die genannte „größte Gefahr“ setzt Pêcheux ein ebenso ultimatives Ziel: „Der Einsatz dieses Unterfangens ist also letztlich, die Bedingungen

7 Pêcheux, *Analyse automatique du discours*, 4–5, sowie ders., *Automatic Discourse Analysis*, 67.

8 Pêcheux, *Analyse automatique du discours*, 5, sowie ders., *Automatic Discourse Analysis*, 68.

9 Niels Helsloot und Tony Hak, „Pêcheux's contribution to discourse analysis“, in Pêcheux, *Automatic Discourse Analysis*, 13.

10 Stone et al., *The General Inquirer*, 67f.

einer Praxis des *Lesens* – als einer systematischen Erkennung von Symptomen, die für Sinn-Effekte repräsentativ sind – innerhalb der diskursiven Oberfläche zu verwirklichen."[11] Wenn daher ein jüngeres Digital Humanities-Plädoyer für einen *data-driven turn* in der Diskursanalyse meint, es könne kaum das Ziel sein, „Lektüren zu simulieren",[12] so bleibt doch zu erinnern, dass dies durchaus das Ziel schon einmal war.

Basierend auf einer Theorie der Diskursproduktion als *„Theorie der Variation, die durch ‚Tiefenstrukturen' reguliert wird"*, ging es in der automatisierten Diskursanalyse von Pêcheux darum, von einer „Serie der diskursiven *Oberflächen"* zu einer „Tiefenstruktur (*structure profonde*)", einer „unsichtbaren Struktur, die sie bestimmt", zu gelangen.[13] Stellt man nun auch an diese die Frage, was sie eigentlich zu objektivieren erlaubt – die „question of what is measured" –, so ist leicht zu sehen, dass es letztlich wiederum schlicht morpho-syntaktische Elemente sind. Das konkrete Ergebnis mag die besagte Information über Diskursbedeutung(en) sein, aber nicht diese selber. Der Output, hat man denn auch festgestellt, besteht nicht in Entdeckungen: „There are no ‚automatic' findings." Die automatische Diskursanalyse von Pêcheux „produces outcomes in a formal way, but they remain simply outcomes, ‚data' that must be interpreted."[14]

Spätestens hier trifft das Automatisierungsprojekt von Pêcheux auf eine Schwierigkeit, die derjenigen der *Archäologie* Foucaults sehr ähnlich und gleichzeitig doch grundverschieden von ihr ist. Foucaults Vorgehensweise zur Bestimmung der Regularitäten bestimmter Diskursmengen besteht darin, besagte Diskursmengen als solche in einem zirkulären Verfahren von

11 Pêcheux, *Analyse automatique du discours*, 110, sowie ders., *Automatic Discourse Analysis*, 118.

12 Scharloth, Eugster und Bubenhofer, „Das Wuchern der Rhizome", Abschnitt 2.2.

13 Pêcheux, *Analyse automatique du discours*, 29, sowie ders., *Automatic Discourse Analysis*, 96.

14 Helsloot und Hak, „Pêcheux's contribution to discourse analysis", 14 und 16.

$$\Gamma_x^n \circ \mathscr{L} \rightarrow \Delta_x^n$$

Abbildung 6: Formel für Produktionsprozess des Diskurses. Quelle: Michel Pêcheux, *Analyse automatique du discours* (Paris: Dunod, 1969), 24.

Die mit dieser Formel notierte Regel besagt, dass sich der Produktionsprozess *Δx* eines Diskurses *Dx* (im Zustand *n*) aus der Zusammenfügung (*composition*) der Produktionsbedingungen Γx mit einem gegebenen linguistischen System *L* ergibt. Die Operation der Zusammenfügung wird dabei durch das Symbol *o* bezeichnet.

Regel-Erkennung und Zugehörigkeitsbestimmung aus einer undefinierten Masse an Texten herauszufiltern. Pêcheux' Analyse des Diskurses dagegen kann nur über im Voraus definierte Korpora operieren. Diese sind schon erstellt, und dann geht es darum, deren ‚Tiefenstruktur' oder ‚Regelhaftigkeit' zu ermitteln.

Zudem verlagert Pêcheux' Programm die Analyse des Diskurses, wie eingangs erwähnt, zurück in die Linguistik, von der Foucault sich gerade abgegrenzt hat. Basierend auf der Unterscheidung zwischen den Produktions*bedingungen* (Γx) und dem Produktions-*prozess* (Δx) eines Diskurses (Dx) – letzterer definiert als Menge einzelner Äußerungen [énoncés] (E1, E2...En) – lautet die Behauptung, dass sich der Dx-Produktions*prozess* Δx aus der Verbindung der Produktions*bedingungen* Γx mit einem gegebenen linguistischen System L ergebe und somit auch erkennen lasse (Abb. 6).[15]

Aber warum „Δx" für den Produktionsprozess? Weil nicht nur das „Δ" wie „Delta" dem „D" für „Diskurs" korrespondiert, sondern weil Pêcheux (weitaus näher an Saussure wie an Chomsky als an Foucault) mit „meaning-effects" als Differenzeffekten argumentiert. Lesen, Verstehen, Analysieren beruht so grundsätzlich wie allgemein auf der Fähigkeit „to detect subtle differences of meaning but also to neglect differences that do not make a difference".[16] Und im Besonderen sind die Diskursproduktions*bedingungen* erschließbar aus den Differenzen zwischen den Äußerungen, die den Diskurs konstituieren.

Konkret besteht das von Pêcheux skizzierte Verfahren zur automatischen Diskursanalyse deshalb im ersten Schritt aus einem Parsing des Eingabetexts, das alle seine Äußerungen auf die gleiche Form morpho-syntaktischer Elemente bringt (Abb. 7

15 Pêcheux, *Analyse automatique du discours*, 23 und 88, sowie ders., *Automatic Discourse Analysis*, 90 und 114.

16 Darwin P. Cartwright, „Analysis of Qualitative Material", in *Research Methods in the Behavioral Sciences*, hrsg. von Leon Festinger und Daniel Katz (New York: Holt, 1953), 421–470; zit. nach Pêcheux, *Automatic Discourse Analysis*, 67. Siehe auch ders., *Analyse automatique du discours*, 4.

$$E_n = F_i\ (D_1,\ N_1,\ V,\ \mathrm{ADV},\ p,\ D_2,\ N_{2/3})$$

	F_i	D_1	N_1	V	ADV	PP	D_2	$N_{2/3}$
$E_i =$	a	b	c	d	e	f	g	h
$E_j =$	a	b	c	d	j	f	k	m

$$(E_i,\ E_j) = 1\ 1\ 1\ 1\ 0\ 1\ 0\ 0$$

Abbildung 7: Das Maß der „paradigmatischen Nähe". Quelle: Michel Pêcheux, *Analyse automatique du discours* (Paris: Dunod, 1969), 76, 88 und 89.

Die Äußerung *En* (énoncé) wird in eine Formel übersetzt (oben), die die folgenden morpho-syntaktischen Klassen enthält: die Form der Aussage, welche die Stimme, die Zeit, den Modus, die Modalität und die Betonung enthält (*Fi*), die Determinante des Subjekts N1 (*D1*), das Subjekt der Aussage (*N1*), das Verb (*V*), das Adverb (*ADV*), die Präposition (*p*), die Determinante der Bestimmung N2/3 (*D2*) sowie die direkte, indirekte oder adverbiale Bestimmung (*N2/3*).

Das Verhältnis von zwei Aussagen (*Ei*, *Ej*) wird dann nach folgender Konvention bestimmt (mittig und unten): „Zwei identische Ausdrücke in derselben morpho-syntaktischen Klasse übersetzen sich durch die Ziffer 1 [...] an der entsprechenden Stelle und zwei unterschiedliche Ausdrücke in die Ziffer 0." Daraus ergibt sich das Maß der paradigmatischen Nähe der beiden Aussagen.

oben: En = Fi(D1, N1, V, ADV, p, D2, N2)), um sie im zweiten Schritt (Abb. 7 mittig) Element für Element auf Wortübereinstimmungen und -unterschiede abzugleichen und dergestalt auf ihre Differentiale zu bringen, aus denen drittens schließlich eine „proximité paradigmatique" Saussurescher *couleur* ermittelt wird, die bei hinreichender Nähe „domaine sémantique" genannte Ähnlichkeiten zu behaupten erlaubt (Abb. 7 unten).[17]

Auf diese Weise approximiert das Verfahren eine Lösung für das Problem, diskursive Strukturen zu definieren oder zu isolieren, aus denen Semantisches emergiert, die aber selber nicht- oder vorsemantisch sind, und deren Elemente deshalb ebenso diesseits aller Semantik prozessiert werden können. Nur erfolgt, wie am Fallbeispiel erkennbar wird,[18] die semantische Auswertung denn auch schon nicht mehr maschinell.

Pêcheux erklärt dies so: „Der ADA-Algorithmus bringt verschiedene Phänomene hervor und entfaltet sie, zieht aber keine Schlussfolgerungen." Und er fügt hinzu, dieser Algorithmus „kalkuliert paraphrastische Blöcke oder Bereiche", die aber dann „manuell reorganisiert" werden müssen. Er „konstruiert [...] Familien von Zeichenketten (strings), die wir *semantische Bereiche* (domains) nennen wollen", indem sie innerhalb einer gewissen Bandbreite von Variationen miteinander übereinstimmen. *In* ihrer Semantik aber – das heißt: zur Auswertung dieser Semantik als solcher – müssen die Ergebnisse der Computeranalyse, statt schon analytische Durcharbeitung des Diskurses zu sein, ihrerseits erst eigentlich „durchgearbeitet und erneut interpretiert werden".[19]

17 Pêcheux, *Analyse automatique du discours*, 87–93, sowie ders., *Automatic Discourse Analysis*, 113–116.

18 Michel Pêcheux, „Are the Masses an Inanimate Object?", in *Linguistic Variation: Models and Methods*, hrsg. von David Sankoff (New York: Academic Press, 1978), 251–266.

19 Ebd., 254–256, hier nach der (geringfügig korrigierten) Übersetzung: Michel Pêcheux, „Sind die Massen ein beseeltes [sic!] Objekt?", *kulturRRevolution* 17–18 (1988): 8f.

An dieser Stelle kam auch Pêcheux' Automatisierung ‚der' Diskursanalyse nicht weiter als die vielen Projekte zuvor. An den „Elektronenrechner" wurde „alle formalisierbare und quantifizierbare Arbeit" delegiert, aber „die Spitze, die qualifizierende, wertende Arbeit als die eigentlich angemessene Forschungsarbeit [blieb] dem fachmännischen Ingenium vorbehalten".[20] Das ist der Punkt, in dem sich, zumindest dem Anspruch nach, von den frühen zu den heutigen Digital Humanities doch einiges gewandelt hat.

20 Hans Eggers, „Gedanken über die automatische Erstellung lemmatisierter Wörterbücher", in *Literatur und Datenverarbeitung: Bericht über die Tagung im Rahmen der 100-Jahr-Feier der Rheinisch-Westfälischen Technischen Hochschule Aachen*, hrsg. von Helmut Schanze (Tübingen: Niemeyer, 1972), 1.

Schluss

Während Pêcheux' „automatisierte Diskursanalyse" ihrer linguistischen Herkunft treu bleibt, hat Foucault, um es zu wiederholen, sich entschieden davon abgegrenzt: Sein „Objekt" sei „nicht die Sprache, sondern das Archiv, also die akkumulierte Existenz der Diskurse", und demgemäß sei auch seine Art der Diskursanalyse eine „Analyse des Diskurses in seiner Modalität als *Archiv*".[1]

Wenn man nun diese Abgrenzung ernst nimmt und daher nach Anschlüssen gerade nicht korpuslinguistischer Art[2] fragt: Welche Impulse könnte ‚die Methode' Foucaults dann für eine Weiterentwicklung der Digital Humanities geben? Wie ließe sich eine Automatisierung der Diskursanalyse leisten, die an Foucaults Verschiebung von linguistischen Einheiten und Ableitungsbäumen zu einem Ableitungsmodell gleichzeitig immer nur implizit und doch rein an der Oberfläche gegebener Diskursformationen anschließt? Und was könnte sie leisten? Lassen sich, orientiert an Foucaults Verfahren, Tools entwickeln, die sowohl „mikrohistorischen" Erkenntnisinteressen, etwa der Wissenschaftsgeschichte, als auch dem „makroskopischen" Anspruch von Geschichtsschreibung, also (um an Foucaults initialen Hinweis auf die *Annales*-Schule zu erinnern) „the need for history of the *longue durée*"[3] genügen?

Foucault liefert hierzu gewiss keine direkten Anleitungen. Aber die Auseinandersetzung mit seinem Konzept von Diskurs- als Archivanalyse ergibt Perspektiven, wie der Einsatz massiver Rechenkapazitäten sich nicht nur – mit den Worten Roberto Busas – auf ein „lessening of human effort and time" reduziert (so das denn überhaupt der Fall ist), sondern ein „enhancement of

1 Michel Foucault, „Über verschiedene Arten, Geschichte zu schreiben" [1967], übers. von Michael Bischoff, in *Schriften in vier Bänden/Dits et Ecrits, Bd. I*, 763.

2 Zu diesen siehe einmal mehr Scharloth, Eugster und Bubenhofer, „Das Wuchern der Rhizome".

3 Berry und Fagerjord, *Digital Humanities*, 153 (Anm. 24).

 the quality, depth, and extension of reserach"[4] bedeuten könnte. Wenn denn, wie Berry und Fagerjord schreiben, eine Theoretisierung der Digital Humanities „dringend" notwendig ist – das Feld der Digital Humanities „urgently needs to become more self-reflexive and, yes, theoretical in its approaches, to widen its intellectual depth and breadth"[5] –, so mag die im Vorstehenden skizzierte Neulektüre der *Archäologie des Wissens* ein Schritt in diese Richtung sein. Die Frage nach Foucaults Verhältnis zur Digitalisierung als die Frage nach seiner Rolle im Feld der Digital Humanities dient sicherlich beidem: Foucaults ‚Methode' genauer zu begreifen *und* die Entwicklung und den Einsatz ‚digitaler Werkzeuge' reflektierter zu verfolgen.

Diese Reflektion im Hinblick auf „die akkumulierte Existenz der Diskurse", auf den Diskurs „in seiner Modalität als *Archiv*" umfasst das gesamte Spektrum vom Problem der Korpusbildung bis zur Bestimmung dessen, was ein „diskursives Element" (im Unterschied zu einem linguistischen Element) genannt werden mag. Der aktuell vielleicht wichtigste Impuls lässt sich dabei als der Übergang von den *Digital Humanities* zu den *Computational Humanities* umschreiben. So implizit Foucaults Auseinandersetzung mit dem Computergebrauch der *Annales*-Schule geblieben ist, und so weit er selbst vom Einsatz des Computers zum Zweck der Diskursanalyse entfernt war, so deutlich ist doch die Nähe der *Archäologie des Wissens* zu Vorhaben, die sich weder auf eine Digitalisierung des kulturellen Erbes (in Zusammenarbeit mit Bibliotheken, Archiven und Museen) konzentrieren noch darauf fokussieren, bibliographische (Meta-)Daten mit Blick auf ihre Verbreitung in Raum und Zeit auszuwerten (so wie es etwa, in programmatisch durchaus aufschlussreicher Weise, im „Distant Reading" und in bestimmten Formen der „Macroanalysis"[6] geschehen ist).

4 Zit. n. ebd., 7.

5 Ebd., 11.

6 Siehe Matthew L. Jockers, *Macroanalysis: Digital Methods and Literary History* (Champaign: University of Illinois Press, 2013).

Mit seiner Verlagerung der Aufmerksamkeit von den durch einen gemeinsamen Gegenstand oder Stil, durch eine bestimmte Begrifflichkeit oder übergreifende Themen gebildeten Diskurs-Einheiten auf die implizite Regularität diskursiver Formationen (und die Bestimmbarkeit dieser allein durch jene) definierte er ein Problem, das sich kaum mittels irgendwelcher der auf Digitalisate oder ,born-digital'-Dokumente anwendbaren Tools bisheriger Digital Humanities dürfte lösen lassen, sondern eine lernend-intelligente, autonomisierte Verarbeitung der Quellen mit *computational methods* erfordert.

Diese Aufgabe lässt sich aber nicht angehen, ohne auch die Frage der Korpusbildung zu behandeln. Was diese angeht, gibt es das erwähnte improvisierte Beispiel, zwanzig *beliebige* Werke eines bestimmten Wissensbereichs zu einer bestimmten Zeit mit ebenso vielen Werken einer bestimmten anderen Periode zu vergleichen, ebenso wie „den maximalen Anspruch der Foucault'schen Korpusarbeit",[7] es dürfe „keine privilegierte Auswahl geben", man müsse „alles lesen", müsse „das gesamte allgemeine Archiv einer Zeit zu einem bestimmten Zeitpunkt" durchforsten.[8]

Die Forderung, diese Gesamtheit – dieses „undefinierte, monotone, wimmelnde Gebiet des Diskurses" (AdW 104) – zunächst, wie wir bereits zitierten, „in seiner ursprünglichen Neutralität" (AdW 41) zu untersuchen, um das Korpus einer bestimmten, im Voraus noch gar nicht bekannten Diskursformation in ihrer Singularität, d.h. Diskontinuität innerhalb des gesamten Archivs abzugrenzen, stellt die Diskursanalyse vor „eine Art ,Münchhausen-Problem'".[9]

Denn, betont Foucault, der „Begriff der Diskontinuität ist paradox: er ist zugleich Instrument und Gegenstand der

7 Gehring, „Foucaults Verfahren", 384.

8 Michel Foucault, „Michel Foucault, *Die Ordnung der Dinge*" [1966], übers. von Michael Bischoff, in *Schriften in vier Bänden/Dits et Ecrits, Bd. I*, 646.

9 Diaz-Bone, „Zur Methodologisierung der Foucaultschen Diskursanalyse", 257. Vgl. hierzu Bernhard J. Dotzler, „,Leçon inaugurale faite le Mercredi 2 Décembre 1970': Zur Ordnung des Foucaultschen Diskurses", in ders., *Zurück zu Foucault* (Wien: Turia + Kant, 2020), 112.

Untersuchung; er grenzt das Feld ab, dessen Wirkung er ist; er gestattet die Vereinzelung der Gebiete, kann aber nur durch ihren Vergleich festgestellt werden" (AdW 18). Dabei ermöglichen die heutigen Mittel maschineller Erfassung zwar die Bewältigung übermenschlich großer Datenmengen – auch ,Big Data' erreicht nicht den Idealfall, „alles" zu lesen, erlaubt jedoch immerhin, sich ihm weiter anzunähern. Insofern Diskursanalyse aber die Analyse von Diskurs*regeln* alias *-algorithmen* ist, bedürfte ihre Automatisierung nicht weniger als einer Algorithmisierung solcher Algorithmenanalyse.

Dies also wäre die erste von drei ,missionskritischen' Bedingungen einer automatisierten Diskursanalyse: Das System müsste ein – und sei's durch autonomes maschinelles Lernen entwickelter – Algorithmus der Algorithmenanalyse sein; es müsste imstande sein, nicht nur die Inhalte bestimmter Diskursmengen, sondern deren Regularitäten herauszufinden – angefangen bei der Fähigkeit, diese Diskursmengen als solche in einem zirkulären Verfahren von Regel-Erkennung und Zugehörigkeitsbestimmung aus einer undefinierten Masse an Texten herauszufiltern.

Konkreter würde es – zweitens – darum gehen, die vier von Foucault in Anschlag gebrachten Aspekte diskursiver Formationen – den Gegenstand, den Stil, die Begriffe und die Themen – weitgehend automatisiert zu erschließen. Während der Stil und die Themen gängige Problemstellungen in den Digital Humanities sind und ihre Bearbeitung in den letzten Jahren deutliche Fortschritte gemacht hat, ist noch weitgehend unklar, wie ein Diskurs ausgehend von einem bestimmten Gegenstand umrissen werden kann. Die Definition von Gegenständen ist ein Kernbereich wissenschaftlicher Diskurse, aber die Diskursanalyse im Foucaultschen Sinn ist weit davon entfernt, entsprechende Begriffsbestimmungen, mithin Definitionen, der Einzelwissenschaften einfach zur Grundlage ihrer eigenen Untersuchungen zu machen. Im Gegenteil, die Produktivität der Foucaultschen Archäologie resultiert genau daraus, eigene Gegenstandsbestimmungen vorzunehmen, um auf diese Weise neue Perspektiven auf die

Herausbildung von Einzelwissenschaften werfen zu können – beispielsweise, indem sie zeigt, wie stark die Entwicklung von Sprachwissenschaft, Biologie und Ökonomie im 17. und 18. Jahrhundert von einer bestimmten, aber doch weitgehend implizit gebliebenen Auffassung des Gegenstands „Mensch" abhängig gewesen ist.[10]

Ebenso unklar scheint zu sein, wie die zentralen Begriffe eines Diskurses zu identifizieren sind, wenn darunter nicht einfach die am häufigsten verwendeten Wörter verstanden werden sollen. In der Tat besteht ein wesentlicher Unterschied zwischen einem wissenschaftlichen Begriff und einem Wort, wie nicht zuletzt der für Foucault in vieler Hinsicht maßgebliche Georges Canguilhem gezeigt hat. Am Beispiel des Reflex-Begriffs der modernen Physiologie hat Canguilhem verdeutlicht, dass das Verständnis und die Definition des mit diesem Ausdruck bezeichneten Phänomens nicht von seiner Verwendung abhängig ist. Thomas Willis definiert das Phänomen reflexartiger Reaktionen des Organismus ohne die optische Analogie aufzurufen, die der Ausdruck impliziert, während Descartes von „Reflex" spricht, ohne über ein genaues physiologisches Verständnis des Phänomens zu verfügen.[11] Entsprechend schwierig ist es, wissenschaftliche Begriffe in einem Textkorpus auf automatisierte Weise zu benennen und ausfindig zu machen.

Die dritte ‚missionskritische' Bedingung betrifft die Frage, was überhaupt als Diskurs zählen kann. Wie anfangs gesagt, ist es einer der großen Vorteile der Foucaultschen Methode, sich primär auf Texte zu beziehen, also auf einen Typ von Daten, der in erheblicher Menge und auf vergleichsweise einfache Weise über das Internet zugänglich ist. Während der Umgang mit jenen Teilen dieser Textmengen, die „born digital" sind, in technischer Hinsicht relativ unproblematisch ist, stellt uns der wissenschaftliche

10 Eben dies ist ja das allgemeine Argument von Foucault, *Die Ordnung der Dinge*.

11 Canguilhem, *Die Herausbildung des Reflexbegriffs im 17. und 18. Jahrhundert*.

 Gebrauch von älteren Textmengen aber immer wieder vor Herausforderungen.

Dies gilt unter anderem für die Benutzung von online-Bibliotheken, die durch die digitale Erschließung und Bereitstellung von älteren Buch- und Zeitschriftenbeständen eine wichtige Voraussetzung für die Bearbeitung der wissenschafts- und wissenshistorischen Fragestellungen darstellen, auf die die Diskursanalyse von Foucault vordringlich ausgerichtet ist. Die neueren Techniken der Optical Character Recognition haben zwar wichtige Beiträge zur Umwandlung von gescannten Buchseiten in durchsuchbare Volltexte geliefert. Dennoch bleiben wichtige Probleme, wie die Unterscheidung von Text und Paratext (Seitenzahlen, Kopfzeilen, Fußnoten usw.) oder die Unterscheidung zwischen Text und Tabelle, Text und Bild (Illustration) oder Text und Gleichung dabei noch ungelöst. Hier stellt sich auf praktischer Ebene die Frage der Erzeugung eines prozessierbaren Datenstroms, der einem Algorithmus ‚den Diskurs' als seinen Input (sein ‚Rohmaterial') liefert, und auf theoretischer Ebene erneut die Frage, was eigentlich als „diskursives Element" zu begreifen ist.

Foucault hat erhebliche Aufmerksamkeit für die „Materialität" diskursiver Ereignisse – die Modi ihrer „materiellen Existenz" (AdW 124) – gehabt. Diese Aufmerksamkeit ist im Zeitalter der intelligenten Maschinen keineswegs obsolet. Man könnte sogar sagen, dass sie auch und vielleicht gerade in Projekten der Computational Humanities entscheidend ist. Das wäre eine durchaus weitreichende Pointe in der erneuten Auseinandersetzung mit Foucault, für die wir hier argumentiert haben.

Literatur

Aiello, Kenneth D., und Michael Simeone. „Triangulation of History Using Textual Data." *Isis* 110, Nr. 3 (2019): 522–537.

Auxier, Randall E. „Foucault, Dewey, and the History of the Present.", *The Journal of Speculative Philosophy* 16, Nr. 2 (2002): 75–102.

Bartels, Klaus. „Kybernetik als Metapher: Der Beitrag des französischen Strukturalismus zu einer Philosophie der Information und der Massenmedien." In *Kultur: Bestimmungen im 20. Jahrhundert*, herausgegeben von Helmut Brackert und Fritz Wefelmeyer, 441–474. Frankfurt am Main: Suhrkamp, 1990.

Berry, David M. und Anders Fagerjord. *Digital Humanities: Knowledge and Critique in a Digital Age*. Cambridge: Polity, 2017.

Berry, David M. „What are the Digital Humanities?" *British Academy Blog*, 13. Februar 2019. Letzter Zugriff: 12. März 2021. https://www.thebritishacademy.ac.uk/blog/what-are-digital-humanities.

Blanchot, Maurice. *Der Gesang der Sirenen: Essays zur modernen Literatur.* Übersetzt von Karl August Horst. Frankfurt am Main: Ullstein, 1982.

Braunstein, Jean-François. „Historical Epistemology, Old and New." In *Conference „Epistemology and History: From Bachelard and Canguilhem to Today's History of Science"*, 33–40. Berlin: Max Planck Institute for the History of Science, 2012.

Bublitz, Hannelore. *Foucaults Archäologie des kulturellen Unbewussten: Zum Wissensarchiv und Wissensbegehren moderner Gesellschaften*. Frankfurt am Main: Campus, 1999.

Burdick, Anne, Johanna Drucker, Peter Lunenfeld, Todd Presner und Jeffrey Schnapp. *Digital_Humanities*, Cambridge. MA: MIT Press, 2012.

Burke, Peter. *The French Historical Revolution: The Annales School, 1929–1989*. Cambridge: Polity Press, 1990.

Canguilhem, Georges. *Das Normale und das Pathologische*. Übersetzt von Monika Noll und Rolf Schubert. München: Hanser, 1974.

Canguilhem, Georges. „Der Gegenstand der Wissenschaftsgeschichte." In *Wissenschaftsgeschichte und Epistemologie*, 22–37. Frankfurt am Main: Suhrkamp, 1979.

Canguilhem, Georges. „Le role de l'épistémologie dans l'historiographie scientifique contemporaine." In *Idéologie et rationnalité dans l'histoire des sciences de la vie. Nouvelles* études *des sciences de la vie*, 2. Auflage, 11–29. Paris: Vrin, 2000.

Canguilhem, Georges. *Die Herausbildung des Reflexbegriffs im 17. und 18. Jahrhundert*. Übersetzt von Henning Schmidgen. München: Fink, 2008.

Cartwright, Darwin P. „Analysis of qualitative material." In *Research Methods in the Behavioral Sciences*, herausgegeben von Leon Festinger und Daniel Katz. 421–470. New York: Holt, 1953.

Cassou-Nogues, Pierre. *Les rêves cybernétique de Norbert Wiener.* Paris: Seuil, 2014.

Centre National de la Recherche Scientifique, Hrsg. *Les machines à calculer et la pensée humaine* (=Colloques internationaux du Centre National de la Recherche Scientifique; 37). Paris: Centre National de la Recherche Scientifique, 1953.

Chantrenne, Hubert. „Information in Biology." *Nature* 197 (1963): 27–30.

Chomsky, Noam. *Aspects of the Theory of Syntax*. Cambridge, MA: MIT Press, 1965.

Choubey, Prafulla Kumar, Aaron Lee, Ruihong Huang und Lu Wang. „Discourse as a Function of Event: Profiling Discourse Structure in News Articles around the Main Event." *Proceedings of the 2020 Annual Conference of the Association for Computational Linguistics* (2020): 5374–5386.

Couffignal, Louis, Hrsg. *Le Concept d'information dans les sciences contemporaines*. Paris: Minuit/Gauthier-Villars, 1965.

Deledalle, Gérard. „Présentation: La théorie de l'enquête et le problème de la vérité." In John Dewey: *Logique: La théorie de l'enquête*, übersetzt von Gérard Deledalle, 9–49. Paris: PUF, 1967.

Deleuze, Gilles. „Über die Neuen Philosophen und ein allgemeineres Problem." In *Schizophrenie und Gesellschaft: Texte und Gespräche, 1975–1995*, übersetzt von Eva Moldenhauer, 133–140. Frankfurt am Main: Suhrkamp, [1977] 2005.

Deleuze, Gilles. „Postskriptum über die Kontrollgesellschaften." In *Unterhandlungen 1972–1990*. Übersetzt von Gustav Roßler, 254–262. Frankfurt am Main: Suhrkamp, 1993.

Dewey, John. *Logik: Die Theorie der Forschung*. Übersetzt von Martin Suhr. Frankfurt am Main: Suhrkamp, 2002.

Diaz-Bone, Rainer. „Zur Methodologisierung der Foucaultschen Diskursanalyse", *Historical Social Research* 31, Nr. 2 (2006): 243–274.

Dotzler, Bernhard J. „Foucault, der Diskurs, die Medien." In *Philosophie in der Medientheorie*, herausgegeben von Alexander Roesler und Bernd Stiegler, 101–116. München: Wilhelm Fink Verlag, 2018.

Dotzler, Bernhard J. „‚Leçon inaugurale faite le Mercredi 2 Décembre 1970'. Zur Ordnung des Foucaultschen Diskurses." In *Zurück zu Foucault*, herausgegeben von Bernhard J. Dotzler, 94–114. Wien: Turia + Kant, 2020.

Dosse, François. *Geschichte des Strukturalismus. Bd. 1: Das Feld des Zeichens, 1945–1966*. Übersetzt von Stefan Barmann. Hamburg: Junius, 1996.

Dosse, François. *Geschichte des Strukturalismus. Bd. 2: Die Zeichen der Zeit, 1967–1991*. Übersetzt von Stefan Barman. Hamburg: Junius, 1997.

Erdur, Onur. *Die epistemologischen Jahre. Philosophie und Biologie in Frankreich, 1960–1980*. Zürich: Chronos, 2018.

Firth, John R. „A Synopsis of Linguistic Theory, 1930–1955." In *Studies in Linguistic Analysis*, 2. Aufl., herausgegeben von The Philological Society, 1–32. Oxford: Blackwell, 1962.

Firth, John R. *Papers in Linguistics 1934–1951*. London: Oxford University Press, 1957.

Foucault, Michel. „Über die Natur des Menschen. Gerechtigkeit vs. Macht." Übersetzt von Jürgen Schröder. In *Schriften in vier Bänden/Dits et Ecrits, Bd. I (1954–1969)*, herausgegeben von Daniel Defert und François Ewald, 586–637. Frankfurt am Main: Suhrkamp, [1947] 2001.

Foucault, Michel. „Die Psychologie von 1850 bis 1950." Übersetzt von Hans-Dieter Gondek. In *Schriften in vier Bänden/Dits et Ecrits, Bd. I (1954–1969)*, herausgegeben von Daniel Defert und François Ewald, 175–195. Frankfurt am Main: Suhrkamp, [1957] 2001.

Foucault, Michel. „Vorwort von Michel Foucault." Übersetzt von Herrmann Kocyba. In *Schriften in vier Bänden/Dits et Ecrits, Bd. III (1976–1979)*, herausgegeben von Daniel Defert und François Ewald, 991–998. Frankfurt am Main: Suhrkamp, [1961] 2003.

Foucault, Michel. *Raymond Roussel*. Übersetzt von Renate Hörisch-Helligrath. Frankfurt am Main: Suhrkamp, [1963] 1989.

Foucault, Michel. „Botschaft oder Rauschen." Übersetzt von Michael Bischoff. In *Schriften in vier Bänden/Dits et Ecrits, Bd. I (1954–1969)*, herausgegeben von Daniel Defert und François Ewald, 718–722. Frankfurt am Main: Suhrkamp. [1966] 2001.

Foucault, Michel. „Die Ordnung der Dinge." Übersetzt von Michael Bischoff. In *Schriften in vier Bänden/Dits et Ecrits, Bd. I (1954–1969)*, herausgegeben von Daniel Defert und François Ewald, 644–652. Frankfurt am Main: Suhrkamp, [1966] 2001.

Foucault, Michel. „Über verschiedene Arten, Geschichte zu schreiben." Übersetzt von Michael Bischoff. In *Schriften in vier Bänden/Dits et Ecrits, Bd. I (1954–1969)*, herausgegeben von Daniel Defert und François Ewald, 750–769. Frankfurt am Main: Suhrkamp, [1967] 2001.

Foucault, Michel. „Antwort auf eine Frage." Übersetzt von Hermann Kocyba. In *Schriften in vier Bänden/Dits et Ecrits, Bd. I (1954–1969)*, herausgegeben von Daniel Defert und François Ewald, 859–886. Frankfurt am Main: Suhrkamp, [1968] 2001.

Foucault, Michel. „Über die Archäologie der Wissenschaften. Antwort auf den Cercle d'epistémologie." Übersetzt von Hermann Kocyba. In *Schriften in vier Bänden/Dits et Ecrits, Bd. I (1954–1969)*, herausgegeben von Daniel Defert und François Ewald, 887–931. Frankfurt am Main: Suhrkamp, [1968] 2001.

Foucault, Michel. *Archäologie des Wissens*. Übersetzt von Ulrich Köppen. Frankfurt am Main: Suhrkamp, [1969] 1981.

Foucault, Michel. „Jean Hyppolite. 1907–1968." Übersetzt von Michael Bischoff. In *Schriften in vier Bänden/Dits et Ecrits, Bd. I (1954–1969)*, herausgegeben von Daniel Defert und François Ewald, 991–998. Frankfurt am Main: Suhrkamp, [1969] 2001.

Foucault, Michel. „Was ist ein Autor? (Vortrag)." Übersetzt von Hermann Kocyba. In *Schriften in vier Bänden/Dits et Ecrits, Bd. I (1954–1969)*, herausgegeben von Daniel Defert und François Ewald. 1003–1041. Frankfurt am Main: Suhrkamp, [1969] 2001.

Foucault, Michel. *Wahnsinn und Gesellschaft: Eine Geschichte des Wahns im Zeitalter der Vernunft*. Übersetzt von Ulrich Köppen. Frankfurt am Main: Suhrkamp, 1973.

Foucault, Michel. *Die Ordnung der Dinge: Eine Archäologie der Humanwissenschaften*. Übersetzt von Ulrich Köppen, Frankfurt am Main: Suhrkamp, 1974.

Foucault, Michel. *Die Geburt der Klinik: Eine Archäologie des ärztlichen Blicks*. Übersetzt von Walter Seitter. Frankfurt am Main: Ullstein, 1976.

Foucault, Michel. „Der Stil der Geschichte." Übersetzt von Hans-Dieter Gondek. In *Schriften in vier Bänden/Dits et Ecrits, Bd. IV (1980–1988)*, herausgegeben von Daniel Defert und François Ewald, 799–807. Frankfurt am Main: Suhrkamp, [1984] 2005.

Foucault, Michel. *Einführung in Kants Anthropologie*. Übersetzt von Ute Frietsch, Berlin: Suhrkamp, 2010.

Fraser, Michael. „A Hypertextual History of Humanities Computing: The Pioneers." *University of Oxford*. 1996. Letzter Zugriff: 7. April 2021. http://users.ox.ac.uk/~ctitext2/history/pioneer.html.

Furet, François. „Le quantitatif en histoire." In *Faire de l'histoire*, herausgegeben von Jacques Le Goff und Pierre Nora, 42–61. Paris: Éditions Gallimard, 1974.

Galloway, Alexander R. *Protocol: How Control Exists after Decentralization*. Cambridge, MA: MIT Press, 2006.

Gastaldi, Juan Luis. „L'archéologie à l'épreuve des savoirs formels: Mathématiques et formalisation dans le projet d'une archéologie des savoirs." In *L'épistémologie historique: Histoire et méthodes*, herausgegeben von Jean-François Braunstein, Iván Moya Diez und Matteo Vagelli, 187–205. Paris: Éditions de la Sorbonne, 2019.

Gehring, Petra. „Foucaults Verfahren." In Michel Foucault. *Geometrie des Verfahrens: Schriften zur Methode*, herausgegeben von Daniel Defert und Jacques Lagrange, 373–393. Frankfurt am Main: Suhrkamp, 2009.

Geoghegan, Bernard Dionysius. „Textocracy, or The Cybernetic Logic of French Theory." *History of the Human Sciences* 33, Nr. 1 (2020): 52–79.

Gerbner, George, Hrsg. *The Analysis of Communication Content: Developments in Scientific Theories and Computer Techniques*. New York: Wiley, 1969.

Ginzburg, Carlo. „Spurensicherung" In *Spurensicherungen: Über verborgene Geschichte, Kunst und soziales Gedächtnis*, 78–125. München: Deutscher Taschenbuchverlag, 1988.

Gros, Frédéric, und Arnold Davidson, Hrsg. *Foucault, Wittgenstein: De possibles rencontres*. Paris: Kimé, 2011.

Gutting, Gary. „Archaeology." In *The Cambridge Foucault Lexicon*, herausgegeben von Leonard Lawlor und John Nale, 13–18. New York: Cambridge University Press, 2014.

Hallward, Peter, und Knox Peden, Hrsg. *Concept and Form, Volume 1: Selections from the Cahiers Pour L'Analyse*. London: Verso, 2012.

Harris, Zellig S. *Methods in Structural Linguistics*. Chicago: University of Chicago Press, 1951.

Harris, Zellig S. „Discourse Analysis." *Language* 28 (1952): 1–30.

Harris, Zellig S. „Distributional Structure." *Word* 10, Nr. 2–3 (1954): 146–62.

Harris, Zellig S., Michael Gottfried, Thomas Ryckman, Paul Mattick, Jr., Anne Daladier, T. N. Harris und S. Harris. *The Form of Information in Science: Analysis of an Immunology Sublanguage*. Dordrecht: Kluwer, 1989.

Herrmann, Hans-Christian. „Totale Bibliothek und Schreibmaschine. Zum Begriff der Streuung in Foucaults Diskursanalyse", *Figurationen* 16, Nr. 2 (2015): 62–72.

Honegger, Claudia. „Michel Foucault und die serielle Geschichte: Über die Archäologie des Wissens." *Merkur* 36 (1982): 500–523.

Holton, Gerald. *Thematic Origins of Scientific Thought: Kepler to Einstein*. Cambridge, MA: Harvard University Press, 1988.

Hurst, Megan. „Getting Medieval with Big Data. David J. Herlihy (1930–1991), the First Digital Historian." *Athenaeum21*. 2016. Letzter Zugriff: 18. Mai 2020. https://www.athenaeum21.com/news/getting-medieval-with-big-data-david-j-herlihy-19301991-the-first-digital-historian.

Hyppolite, Jean. „Machine et langage." In *Figures de la pensée philosophiques: Écrits de Jean Hyppolite (1931–1968)*, Bd.2, 891–919. Paris: PUF, [1961] 1971.

Hyppolite, Jean. „Information et communication." In *Figures de la pensée philosophiques: Écrits de Jean Hyppolite (1931–1968)*, Bd. 2, 928–971. Paris: PUF, [1967] 1971.

Jockers, Matthew L. *Macroanalysis: Digital Methods and Literary History*. Champaign: University of Illinois Press, 2013.

Jones, Steven E. *Roberto Busa, S.J., and the Emergence of Humanities Computing. The Priest and the Punched Cards*, New Yok und London: Routledge, 2016.

Kant, Immanuel. „Anthropologie in pragmatischer Hinsicht." In *Kants Werke: Akademie-Textausgabe*, Bd. VII, 117–333. Berlin: de Gruyter, 1968.

Kay, Lily E. *Das Buch des Lebens: Wer schrieb den genetischen Code?* Übersetzt von Gustav Roßler. München: Hanser, 2001.

Keller, Reiner. *Wissenssoziologische Diskursanalyse. Grundlegung eines Forschungsprogramms*. Wiesbaden: Springer VS, 2008.

Kelman, Herbert, Nakayama, Tal Ben-Shahar, Ken und Ellen Langer. „Memorial Minute." *Harvard Gazette*. 2007. Letzter Zugriff: 16. Juni 2021. https://news.harvard.edu/gazette/story/2007/05/memorial-minute/.

Kittler, Wolf. „Thermodynamik und Guerilla: Zur Methode von Michel Foucaults Archäologie des Wissens." *Trajekte: Zeitschrift des Zentrums für Literaturforschung Berlin* 4 (2002): 16–21.

Koopman, Colin. *How We Became our Data. A Genealogy of the Informational Person*. Chicago und London: The University of Chicago Press, 2019.

Koto, Fajri, Jey Han Lau und Timothy Baldwin. „Improved Document Modelling with a Neural Discourse Parser." *Proceedings of the The 17th Annual Workshop of the Australasian Language Technology Association (*2019): 37–47.

Kracauer, Siegfried. *Ginster*. Frankfurt am Main: Suhrkamp, [1928] 2013.

Kurzweil, Ray. *The Age of Intelligent Machines*. Cambridge, MA: MIT Press, 1990.

Lascault, Gilbert und Georges Raillard. „Ouverture", *L'Arc* 68 (1977.): 1–2.

L'Association des sociétés de philosophie de langue française, Hrsg. *La communication. Actes du XVe congrès de l'Association des sociétés de philosophie de langue française*. Montréal: Éditions Montmorency, 1973.

Lemny, Stefan. „‚L'historien de demain sera programmeur': Emmanuel Le Roy Ladurie et les défis de la science." *Hypothèses*. 2017. Letzter Zugriff: 5. Oktober 2020. https://histoirebnf.hypotheses.org/1505.

Le Roux, Ronan. *Une histoire de la cybernétique en France, 1948–1970*. Paris: Garnier, 2015.

Le Roy Ladurie, Emmanuel. „La fin des érudits: L'historien de demain sera programmeur ou ne sera pas." *Le Nouvel Observateur* (1968): 2–3.

Le Roy Ladurie, Emmanuel. „L'historien et l'ordinateur." In *Le territoire de l'historien*, 11–14. Paris: Gallimard, 1973.

Lutosławski, Wincenty. „Principes de stylométrie appliqués à la chronologie des oeuvres de Platon." *Revue des Études Grecques* 11, Nr. 41 (1898): 61–81.

Lynch, Richard A. „Discourse." In *The Cambridge Foucault Lexicon*, herausgegeben von Leonard Lawlor und John Nale, 120–125. New York: Cambridge University Press, 2014.

Macey. David. *The Lives of Michel Foucault: A Biography*. New York: Pantheon, 1993.

Martinet, André. „Structural linguistics", zitiert nach Émile Benveniste [1962]. „Der Begriff ‚Struktur' in der Linguistik." In *Probleme der allgemeinen Sprachwissenschaft*, übersetzt von Wilhelm Bolle, 106–112. München: List, [1953] 1972.

Miller, James. *The Passion of Michel Foucault*. New York: Simon & Schuster, 1993.

Moles, Abraham. *Art et ordinateur*. Paris: Casterman, 1971.

Moretti, Franco. *Graphs, Maps, Trees. Abstract Models for Literary History*. London: Verso, 2005.

Moretti, Franco. *Distant Reading*. London: Verso, 2013.

Olsen, Mark. „Signs, Symbols and Discourses: A New Direction for Computer-Aided Literature Studies." *Computers and the Humanities* 27, Nr. 5–6 (1993): 309–314.

Pavel, Thomas G. *Le Mirage linguistique: Essai sur la modernisation intellectuelle*. Paris: Minuit, 1988.

Pawłowski, Adam, und Artur Pacewicz. „Wincenty Lutosławski (1863–1954): Philosophe, helléniste ou fondateur sous-estimé de la stylométrie?" *Historiographia Linguistica* 31, Nr. 2–3 (2004): 423–447.

Pêcheux, Michel. *Analyse automatique du discours*. Paris: Dunod, 1969.

Pêcheux, Michel. „Are the Masses an Inanimate Object?" In *Linguistic Variation: Models and Methods*, herausgegeben von David Sankoff, 251–266. New York: Academic Press, 1978.

Pêcheux, Michel. *Automatic Discourse Analysis*. Amsterdam: Rodopi, 1995.

Ramsay, Stephen. *Reading Machines: Toward an Algorithmic Criticism*. Urbana: University of Illinois Press, 2011.

Price, Jacob M. „Quantitative Work in History: A Survey of the Main Trends." *History and Theory* 9 (Supplement 9, Studies in Quantitative History and the Logic of the Social Sciences) (1969): 1–13.

Revel, Judith. „Discours." In *Dictionnaire Foucault*, 39–40. Paris: Ellipses, 2008.

Robin, Régine. *Histoire et linguistique*. Paris: Larousse, 1973.

Rouvroy, Antoinette. „La gouvernementalité algorithmique: Radicalisation et stratégie immunitaire du capitalisme et du néolibéralisme?" *La Deleuziana* 3 (2016): 30–36.

Rouvroy, Antoinette, und Thomas Berns. „Le nouveau pouvoir statistique: Ou quand le contrôle s'exerce sur un réel normé, docile et sans événement car constitué de corps ‚numériques'." *Multitudes* 20, Nr. 1 (2010): 88–103.

Rubenstein, Herbert, und John Goodenough. „Contextual correlates of synonymy." *Communications of the ACM* 8, Nr. 10 (1965): 627–633.

Ruoff, Michael. „Diskurs." In *Foucault-Lexikon*, 2. Auflage, 91–101. Paderborn: Fink/UTB, 2007.

Sahlgren, Magnus. „The Distributional Hypothesis." *Rivista di Linguistica (Italian Journal of Linguistics)* 20. Nr. 1 (2008): 33–53.

Schanze Helmut, Hrsg. *Literatur und Datenverarbeitung: Bericht über die Tagung im Rahmen der 100-Jahr-Feier der Rheinisch-Westfälischen Technischen Hochschule Aachen*. Tübingen: Niemeyer, 1972.

Scharloth, Joachim, David Eugster und Noah Bubenhofer. „Das Wuchern der Rhizome. Linguistische Diskursanalyse und Data-driven Turn." In *Linguistische Diskursanalyse – Neue Perspektiven. Interdisziplinäre Diskursforschung*, herausgegeben von Dietrich Busse und Wolfgang Teubert, 345–380. Wiesbaden: Springer VS, 2013.

Schmidgen, Henning. „Dreifache Dezentrierung. Canguilhem und die Geschichte wissenschaftlicher Begriffe." In *Begriffsgeschichte der Naturwissenschaften: Zur historischen und kulturellen Dimension naturwissenschaftlicher Konzepte*, herausgegeben von Ernst Müller und Falko Schmieder, 149–163. Berlin: de Gruyter, 2008.

Schöttler, Peter. „Sozialgeschichtliches Paradigma und historische Diskursanalyse." In *Diskurstheorien und Literaturwissenschaft*, herausgegeben von Jürgen Fohrmann und Harro Müller, 159–199. Frankfurt am Main: Suhrkamp, 1988.

Schöttler, Peter. *Nach der Angst: Geschichtswissenschaft vor und nach dem „linguistic turn"*. Münster: Westfälisches Dampfboot, 2018.

Scott, Mike. „Developing WordSmith." *International Journal of Engineering Science* 8, Nr. 1 (2008): 95–106.

Stede, Manfred. *Discourse Processing: Synthesis Lectures on Human Language Technologies*. San Rafael: Morgan and Claypool, 2011.

Sterne, Jonathan. „The Example: Some Historical Considerations." In *Between the Humanities and the Digital*, herausgegeben von David Theo Goldberg und Patrik Svensson, 17–33. Cambridge, MA: MIT Press, 2015.

Stevens, Mary Elizabeth. *Automatic Indexing: A State-of-the-Art Report*. Washington, D.C.: U.S. Government Print, 1970.

Stone, Philip J., Dexter Dunphy, Marshall S. Smith und Daniel M. Ogilvie. *The General Inquirer: A Computer Approach to Content Analysis*. Cambridge, MA: MIT Press, 1966.

Thomson Reuters' ISI Web of Science. „Most Cited Authors of Books in the Humanities." *Times Higher Education*. 2009. Letzter Zugriff: 16. Juni 2021. http://www.timeshighereducation.co.uk/story.asp?storyCode=405956.

Webb, David. *Foucault's Archaeology: Science and Transformation*. Edinburgh: Edinburgh University Press, 2013.

Wenin, Christian. „L'informatique au service de la philosophie: Réalisation et projets." *Revue philosophique de Louvain* 70, Nr. 6 (1972): 177–211.

Wikipedia. „WordSmith." 2020. Letzter Zugriff: 22. Juni 2021. https://de.wikipedia.org/w/index.php?title=WordSmith&oldid=196233614.

Wittgenstein, Ludwig. *Tractatus logico-philosophicus, suivi de Investigations philosophiques*. Übersetzt von Pierre Klossowski. Paris: Gallimard, 1961.

Wittgenstein, Ludwig. „Philosophische Untersuchungen." In *Werkausgabe Bd. I*, 225–618. Frankfurt am Main: Suhrkamp, 1984.

Xu, Jiacheng, Zhe Gan, Yu Cheng und Jingjing Liu. „Discourse-Aware Neural Extractive Text Summarization", *Proceedings of the 2020 Annual Conference of the Association for Computational Linguistics* (2020): 5021–5031.

Zuboff, Shoshanna. *In the Age of the Smart Machine: The Future of Work and Power*. Oxford: Heinemann, 1988.

Zuboff, Shoshanna. *The Age of Surveillance Capitalism: The Fight for a Human Future at the New Frontier of Power*. New York: Public Affairs, 2019.

Dank

Diese Untersuchung entstand im Rahmen des DFG-Projekts „Prozessorientierte Diskursanalyse. Technologien für diskursbasierte Analysen in der Medien- und Wissenschaftsgeschichte“, einer Kooperation zwischen der Professur Theorie medialer Welten und der Professur Web Technologies and Information Systems an der Bauhaus-Universität Weimar, dem Lehrstuhl für Medienwissenschaft an der Universität Regensburg sowie der Bibliothek der Bauhaus-Universität Weimar und der Universitätsbibliothek Regensburg.

Für hilfreiche Hinweise und kritische Kommentare zum Text danken wir Tim Gollub, Johannes Hess, Franziska Klemstein und Benno Stein.

Für Unterstützung bei Lektorat und Satz danken wir Christine Fraunhofer, für Hilfe bei der Recherche zu Bildrechten Elisabetta Basso und Felix Brieden.

Für die Abdruckgenehmigung der nachstehenden *bande dessinée* danken wir Adèle Huguet, Carolina Verlengia und Marie-Laure Massot.

ANHANG

Notizzettel – Das Archiv von Michel Foucault im digitalen Zeitalter

Paris, 2020
BNF, Standort Richelieu

Paris, 2020,
BNF site Richelieu

FICHES & FICHIERS
l'archive Foucault à l'ère du numérique

S'il-vous-plaît ?
Oui, oui, au début ça fait un choc, mais on s'habitue
En fait c'est plutôt amusant d'être immatériel !
Mais plus sérieusement, dites-moi, c'est quoi cette histoire de fiches de lecture ?
...
Euh...
M. Foucault ?
En... enchantée
Venez avec moi, je vais vous expliquer.

Hier,
sehen Sie...

Unglaublich,
diese kleine
Maschine!

Die Idee hinter diesem Projekt war nicht allein, Ihre Notizzettel zu digitalisieren, äh... ich meine, sie in den Computer einzugeben, um sie einem größeren Publikum zugänglich zu machen, sondern auch zur Entwicklung einer neuen Herangehensweise an Ihr Werk beizutragen, die auf der Analyse Ihrer Lese- und Arbeitspraktiken und Ihrer Gedankengänge beruht.

Wir haben jeden Zettel in einen Datensatz umgewandelt, d. h. in eine Art von Information, die der Computer verarbeiten kann, was uns dabei hilft, Netzwerke zwischen diesen Daten zu bilden.

Diese Netzwerke ermöglichen es uns, die Trennungen zwischen den Notizzetteln und den Büchern zu überwinden, um zu entdecken und nachzuzeichnen, wie sich die verschiedenen Themen und Literaturangaben überschneiden!

Und das alles ausgehend von Ihrem persönlichen Arbeitsarchiv und dank einer Zusammenarbeit zwischen Geisteswissenschaften und Computertechnologien!

Donc vous voyez ...
Incroyable cette petite machine...
L'idée de ce projet était non seulement de numériser vos fiches, euh... disons, de les "rentrer" dans l'ordinateur afin de les rendre accessibles au plus grand nombre, mais aussi de contribuer au développement d'une nouvelle approche de votre œuvre, basée sur l'analyse de vos pratiques de lecture et de travail, ainsi que vos cheminements de pensée.
Nous avons transformé chaque fiche en un ensemble de données, c'est-à-dire un type d'information que l'ordinateur est capable d'interpréter, ce qui nous aide à constituer des réseaux entre ces données.
Ces réseaux nous permettent de rompre les barrières des fiches et des livres, de découvrir et visualiser la manière dont les différents thèmes et références peuvent se croiser !
Et tout cela à partir de vos archives personnelles de travail, grâce à une collaboration entre sciences humaines et technologies numériques !

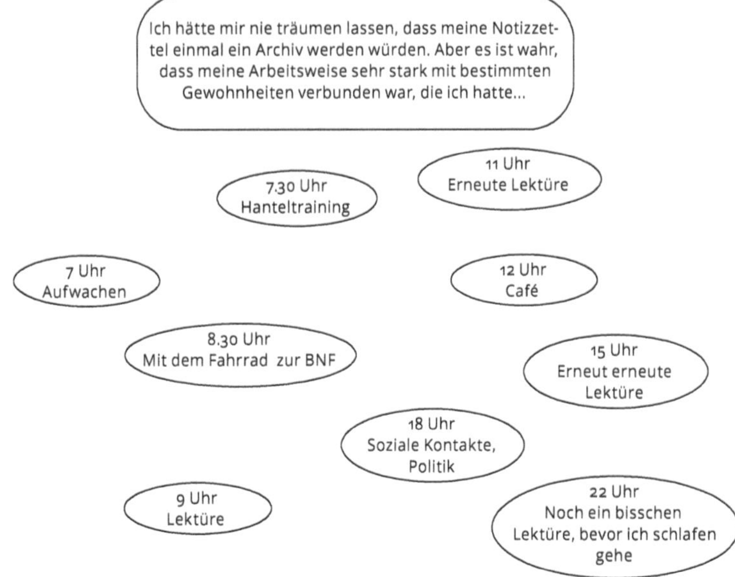

Meine Beziehung zu den Büchern und zur Zeitlichkeit der Arbeit werden in „Netzwerke von Daten“ umgewandelt, das hatte ich wirklich nicht kommen sehen!

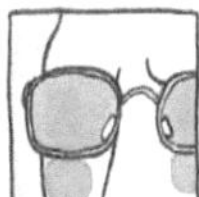
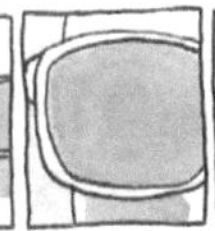
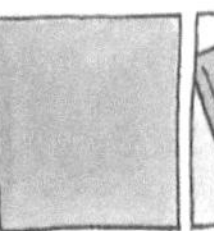

Je n'aurais jamais imaginé voir mes fiches devenir des **archives**. Mais il est vrai que ma façon de travailler et de réfléchir était très liée à certaines habitudes que j'avais...

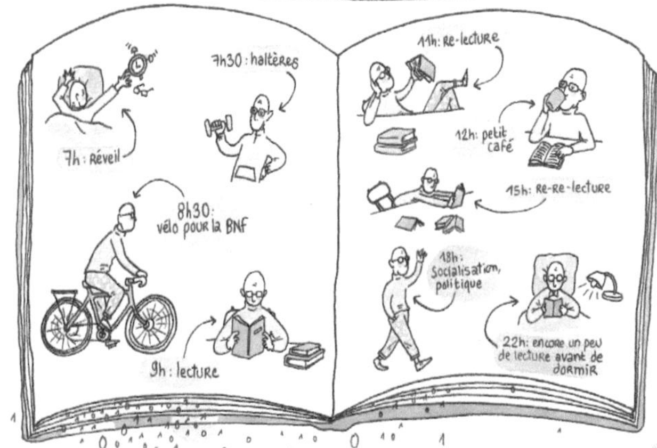

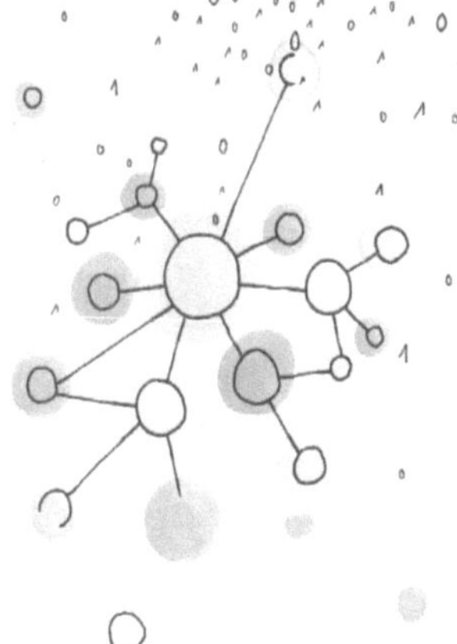

Aber wie dem auch sei, ich bin gespannt, welche Schlussfolgerungen Sie daraus ziehen werden.
Alte Zettel über den Bildschirm einer kleinen Maschine zu betrachten, das ist großartig...
Oh, leider habe ich nicht auf die Zeit geachtet!
Ich muss los, ich werde erwartet!
Wir setzen unsere Diskussion ein anderes Mal fort!

Notizzettel – Das Archiv von Michel Foucault im digitalen Zeitalter

Mit dem Vorschlag, die in der BNF aufbewahrten Notizzettel von Michel Foucault (1926–1984) zu digitalisieren, zielt das Projekt „Foucault Fiches de Lecture" auf eine Annäherung an sein Werk, die auf der Analyse der Lesepraktiken des Philosophen und seiner Gedankengänge beruht.

Dieses mehrere tausend Blätter umfassende Korpus enthält eine umfangreiche Sammlung von Zitaten und Literaturangaben, die Foucault für die Vorbereitung seiner Bücher und Vorlesungen geordnet und kommentiert hat. Es geht nicht allein darum, die Quellen des Philosophen zugänglich zu machen, sondern auch darum, zur Entwicklung einer philosophischen Hermeneutik beizutragen, die auf der Analyse von Foucaults Arbeitsstil und seiner Dokumentationspraxis beruht.

Die Plattform FFL-EMAN, ein virtueller Raum für den Abruf und das Durchsuchen der Arbeitsdokumente des Philosophen, ermöglicht es der wissenschaftlichen Gemeinschaft und der Öffentlichkeit im weiteren Sinn, an diesem von Michel Senellart und danach von Laurent Dartigues koordinierten Großprojekt teilzunehmen, das von 2017 bis 2020 von der Agence Nationale de la Recherche finanziert wird.

Mehr über das FFL-Projekt: https://ffl.hypotheses.org/presentation-du-projet.
Lesen Sie die Notizzettel: https://eman-archives.org/Foucault-fiches.
Handlung und Dialog: Carolina Verlengia (ENS Lyon) und Adèle Huguet
Zeichnungen: Adèle Huguet https://adelehuguet.wordpress.com.
Nach einer Idee von Marie-Laure Massot (CAPHES CNRS/ENS PSL)
Übersetzung: Henning Schmidgen

www.ingramcontent.com/pod-product-compliance
Ingram Content Group UK Ltd.
Pitfield, Milton Keynes, MK11 3LW, UK
UKHW041952190726
13854UKWH00005B/1915